Christoph Schrahe
Jimmy Petterson | Patrick Thorne

111 Skipisten in Europa, die man gefahren sein muss

emons:

Bibliografische Information der Deutschen Nationalbibliothek
Die Deutsche Nationalbibliothek verzeichnet diese Publikation
in der Deutschen Nationalbibliografie; detaillierte bibliografische
Daten sind im Internet über http://dnb.d-nb.de abrufbar.

© Emons Verlag GmbH
Alle Rechte vorbehalten
© der Fotografien: Christoph Schrahe, außer: siehe Seite 237
© Covermotiv: AdobeStock/mRGB
Gestaltung: Anja Sauerland, nach einem
Konzept von Lübbeke | Naumann | Thoben
Kartografie: altancicek.design, www.altancicek.de
Kartenbasisinformationen aus Openstreetmap,
© OpenStreetMap-Mitwirkende, ODbL
Druck und Bindung: CPI – Clausen & Bosse, Leck
Printed in Germany 2023
ISBN 978-3-7408-1518-9

Unser Newsletter informiert Sie
regelmäßig über Neues von emons:
Kostenlos bestellen unter
www.emons-verlag.de

Vorwort

Dieses Buch ist eine schwedisch-schottisch-deutsche Co-Produktion. Die ganze Vielfalt europäischer Skigebiete von Andorra bis Zypern und ihrer erstklassigen Pisten ohne die Hilfe der beiden Kollegen Patrick Thorne und Jimmy Petterson abzubilden, wäre angesichts der Distanzen zwischen Island und dem Kaukasus, zwischen Lappland und Andalusien und der schieren Menge von 111 Orten selbst in den zur Verfügung stehenden zwei Wintern schlichtweg unmöglich gewesen.

Abgesehen davon war es eine Ehre, mit diesen beiden herausragenden Vertretern ihrer Zunft zusammenzuarbeiten. Patrick, auch bekannt als der Snowhunter, trachtet seit 30 Jahren danach, auch noch das letzte Skigebiet dieser Erde zu entdecken und in seine allumfassende, weltweit einzigartige Datenbank aufzunehmen. Jimmy war kein Weg je zu weit und zu gefährlich, um zu dem zu werden, was er heute ist: der Mensch, der in mehr Ländern auf Skiern abgefahren ist als jeder andere.

Dank geht auch an die Kollegen Oliver Kern, Stefan Herbke und Andreas Lesti, die ebenfalls ihre Bilder und Eindrücke von besonderen Abfahrten beisteuerten. Andreas weilte am Tag des russischen Überfalls auf die Ukraine ebendort zum Skifahren. Der völkerrechtswidrige Angriff Putins ist auch der Grund dafür, dass dieses Buch keine russischen Skipisten beschreibt, obwohl im Kaukasus diejenigen mit der weltweit größten Höhendifferenz existieren. Dafür fanden Abfahrten im georgischen Teil des höchsten europäischen Gebirges Eingang. Das teils ebenfalls von Russland besetzte Land zählt sich kulturell zu Europa.

Österreich, die Schweiz und Deutschland sind hingegen nur mit wenigen Einträgen vertreten. Ausführlich widmet sich diesen Ländern der Band »111 Skipisten, die man gefahren sein muss«. Fehlen als dritte Staffel nur noch die bemerkenswertesten Pisten außerhalb Europas. Jimmy und Patrick wären auf jeden Fall wieder dabei.

111 Skipisten

1 — Die Gletscherabfahrt | Deutschland, Alpen, Garmisch-Partenkirchen, Zugspitze
Von wegen ewig | 10

2 — Die FIS Standard-Strecke | Deutschland, Alpen, Balderschwang, Hochschelpen
Wo Preis und Leistung stimmen | 12

3 — Die La Rösa | Schweiz, Alpen, Pontresina, Lagalb
Firnfreuden auf der Alpensüdseite | 14

4 — Der Eigergletscher | Schweiz, Alpen, Grindelwald, Kleine Scheidegg-Männlichen
15 Minuten Bergfahrt, 12 Kilometer Abfahrt | 16

5 — Die Rotweng | Schweiz, Alpen, Zermatt, Rothorn
Der beste Blick aufs Matterhorn | 18

6 — Die Black Wall | Schweiz, Alpen, Les Diablerets/Reusch, Glacier 3000
Abstieg durch die Schwarze Wand | 20

7 — Das Couloir Dagobert | Frankreich, Vogesen, La Bresse, Le Hohneck
Lawinenrinne im Mittelgebirge | 22

8 — Das Val d'Enfer | Frankreich, Zentralmassiv, Mont-Dore, Massif du Sancy
Tanz auf dem Vulkan | 24

9 — Die Reblochon-Piste | Frankreich, Alpen, La Clusaz, La Clusaz/Manigod
Nicht alles Käse | 26

10 — Die Faust | Frankreich, Alpen, Flaine, Grand Massif
Zeitlose Moderne im Schnee | 28

11 — Das Vallée Blanche | Frankreich, Alpen, Chamonix, Aiguille du Midi
Granitnadeln, Séracs und ein Meer aus Eis | 30

12 — Die Piste Aiguille Rouge | Frankreich, Alpen, Les Arcs, Paradiski
2.000 Höhenmeter Rasanz | 32

13 — Die Face de Bellevarde | Frankreich, Alpen, Val d'Isère, Espace Killy
Die schwerste Rennstrecke aller Zeiten | 34

14 — Die Combe de Caron | Frankreich, Alpen, Val Thorens/Orelle, Les Trois Vallées
Die Schöne und das Biest | 36

15 — Die Piste L'Escargot | Frankreich, Alpen, Lanslebourg, Val Cenis/Termignon
Prädestiniert für Schneckentempo | 38

16 — Der Pic Blanc | Frankreich, Alpen, Alpe d'Huez, Grandes Rousses
Vier Abfahrten für einen Achttausender | 40

17 — Lauze-Mont de Lans | Frankreich, Alpen, Les Deux Alpes, Dôme de la Lauze
Die längste Piste der Welt | 42

18 — Die Vallons de Chancel | Frankreich, Alpen, La Grave, Les Ruillans
Der Berg der unbeugsamen Gallier | 44

19 — Die Tabuc | Frankreich, Alpen, Le Monêtier-les-Bains, Serre Chevalier
Schwarzer Traum unter dem Radar | 46

20 — Die Piste de Chabrières | Frankreich, Alpen, Vars, La Forêt Blanche
Im Rausch der Geschwindigkeit | 48

21 — Die Sistron | Frankreich, Alpen, Isola 2000, Cime de Sistron
Meer sehen | 50

22 — Der Monte Renoso | Frankreich, Korsika, Ghisoni, Capannelle
Ski fahren in Napoleons Heimat | 52

23 — Die Balcon de l'Oule | Frankreich, Pyrenäen, Saint-Lary, Saint-Lary-Soulan
Die Weitsicht des Monsieur Mir | 54

24 — Der Pic du Midi | Frankreich, Pyrenäen, La Mongie, Grand Tourmalet
Himmlisches Terrain auf dem Berg der Sternegucker | 56

25 — Das Cântaro Magro Couloir | Portugal, Serra da Estrela, Covilhã, Torre
Ganz im Westen ganz allein | 58

26 — El Águila | Spanien, Betische Kordillere, Pradollano, Sierra Nevada
Und am Horizont: Afrika | 60

27 — Der Tubo de la Zapatilla | Spanien, Pyrenäen, Canfranc, Astún-Candanchú
Im Westen viel Steiles | 62

28 — Die Infierno | Spanien, Pyrenäen, Formigal, Valle Portalet
Per Pistenraupe zum Pulverschnee | 64

29 — Die Escornacabres | Spanien, Pyrenäen, Val d'Aran, Baqueira-Beret
Initiation in der Rinne der Vieldeutigkeit | 66

30 — Die Vista Aran Collbirros | Spanien, Pyrenäen, Vall de Boí, Boí Taüll
Höhepunkt der Pyrenäen | 68

31 — Die Coma Pregona | Spanien, Pyrenäen, Masella, Alp 2500
In den Spuren der Eiszeit | 70

32 — Die Pala Bèstia | Spanien, Pyrenäen, Queralbs, Vall de Núria
Unter Geiern zum Heiligtum | 72

33 — Die Creussans | Andorra, Pyrenäen, Ordino, Arcalis
Pulverparadies am Pyrenäenkamm | 74

34 — Der Canal d'Emcampadana | Andorra, Pyrenäen, Soldeu-El Tarter, Grandvalira
Wilde Variante am Saum des Riesen | 76

35 — Canalone degli Svizzeri | Italien, Sizilien, Ätna, Nicolosi, Etna Sud
Feuer und Eis | 78

36 — Die Direttissima Pratello | Italien, Abruzzen, Roccaraso-Rivisondoli, Alto Sangro
Perle im Apennin | 80

37 — Die Genziana | Italien, Abruzzen, Assergi, Campo Imperatore
Freie Hänge unter dem Gefängnis des Duce | 82

38 — Die Zeno 3 | Italien, Apennin, Abetone, Monte Gomito
Toskanische Genüsse | 84

39___ Die Baggiolara II | Italien, Apennin, Le Polle, Monte Cimone
Skifahren à la Bolognese | 86

40___ Die Alpette | Italien, Alpen, Limone Piemonte, Riserva Bianca
Pulver und Palmen | 88

41___ Die Piste Franco Berthod | Italien, Alpen, La Thuile, Espace San Bernardo
Auf Hannibals Spuren | 90

42___ Die Bellevue | Italien, Alpen, Aosta, Pila
Après-Ski im Amphitheater | 92

43___ Die Ventina | Italien, Alpen, Breuil-Cervinia, Matterhorn Ski Paradise
Grenzüberschreitung in dünner Luft | 94

44___ Die Piste Leonardo David | Italien, Alpen, Gressoney-Saint-Jean, Weismatten
Das homologierte Denkmal | 96

45___ Die Schwarztor-Abfahrt | Italien/Schweiz, Alpen, Tache, Monterosa Ski
Die großartigste Runde der Welt | 98

46___ Die Superpanoramica | Italien, Alpen, Aprica
Licht aus, Spot an! | 100

47___ Das Val della Mite | Italien, Alpen, Peio, Pejo 3000
Von der Piste in die Therme | 102

48___ Der Canalone Miramonti | Italien, Alpen, Madonna di Campiglio, Skirama Dolomiti
Tombas Wohnzimmer | 104

49___ Die Di Prampero | Italien, Alpen, Tarvisio, Monte Lussari
Himmlisch cruisen mit himmlischem Beistand | 106

50___ Die Olimpia delle Tofane | Italien, Alpen, Cortina d'Ampezzo, Tofana
Doppelt olympisch geadelt | 108

51___ Die Pilat | Italien, Alpen, St. Ulrich, Seiser Alm
Wiedergeburt nach 22 Jahren | 110

52___ Die Pezid-Vertikal | Österreich, Alpen, Serfaus, Serfaus-Fiss-Ladis
Im Rausch der Geschwindigkeit | 112

53___ Die Standard | Österreich, Alpen, Bad Gastein, Graukogel
Nostalgie pur | 114

54___ Die Krippensteinabfahrt | Österreich, Alpen, Obertraun, Krippenstein
Endlosrun im österreichischen Fjordland | 116

55___ Die FIS-Abfahrt Planai | Österreich, Alpen, Schladming, 4-Berge-Skischaukel
Steilhang in den Hexenkessel | 118

56___ Die Podkoren | Slowenien, Alpen, Kranjska Gora, Vitranc
Rasanz im Schatten des Vitranc | 120

57___ Die Krnica | Slowenien, Alpen, Bovec, Kanin/Sella Nevea
Grenzquerung mit Hindernissen | 122

58___ Die Žagarjev graben | Slowenien, Alpen, Bohinj, Vogel
Die längste im Angesicht des Höchsten | 124

59 ___ Die Crveni Spust | Kroatien, Medevednica, Zagreb, Sljeme
Wo die Kostelićs Skifahren lernten | 126

60 ___ Die Olimpijski Spust | Bosnien und Herzegowina, Dinariden, Sarajevo, Bjelašnica
Einmal Hölle und zurück | 128

61 ___ Die Poljice | Bosnien und Herzegowina, Dinariden, Trnovo, Jahorina
Es werde Licht | 130

62 ___ Die Vukova Staza | Montenegro, Dinariden, Žabljak, Savin Kuk
Oldschool und dabei ziemlich cool | 132

63 ___ Die Pančićev vrh | Serbien, Dinariden, Kopaonik, Pančićev vrh
Wo Djokovic den weißen Sport lernte | 134

64 ___ Die Piste Nummer 1 | Kosovo, Šar Planina, Brezovicë, Brezovica
Um einen Schneesturm olympisch | 136

65 ___ Die Ceripasina | Nordmazedonien, Šar Planina, Tetovo, Popova Šapka
Piste im Freeride-Himmel | 138

66 ___ Die Stenata | Bulgarien, Vitosha, Sofia, Aleko
Wiedergeburt am Hausberg der Hauptstadt | 140

67 ___ Die Popangelov | Bulgarien, Rila-Gebirge, Borovets, Musala
Auf den Spuren eines bulgarischen Idols | 142

68 ___ Die Ski Road | Bulgarien, Pirin, Bansko, Todorka
Rushhour beim Home Run | 144

69 ___ Die Costas Migkotzidis | Griechenland, Olymp, Elassona, Olympus Ski Centre
Kostenlos Ski fahren auf dem Sitz der Götter | 146

70 ___ Die Aphrodite | Griechenland, Helleniden, Arachova, Parnassos
Mykonos im Schnee | 148

71 ___ Der Racing Run | Zypern, Troodos, Olympos
Schnee über dem Strand | 150

72 ___ Die Kobi | Georgien, Kaukasus, Gudauri, Sadzele
Eine Piste über zwei Kontinente | 152

73 ___ Die Chvabiani | Georgien, Kaukasus, Mestia, Tetnuldi
Traumterrain über dem Tal der Türme | 154

74 ___ Die Carp | Rumänien, Südkarpaten, Sinaia, Vârful Furnica
Baumfreie Hänge überm Märchenschloss | 156

75 ___ Die Lupului | Rumänien, Südkarpaten, Poiana Brașov, Postăvarul
In den Karpaten die Beste | 158

76 ___ Der Große Zwilling | Ukraine, Waldkarpaten, Yasynya, Dragobrat
Per Militärtransporter in den Tiefschnee | 160

77 ___ Die 16D | Ukraine, Waldkarpaten, Poljanyzja, Bukovel
Aus dem Stand an die Spitze | 162

78 ___ Die Tsjuchiw-Totale | Ukraine, Waldkarpaten, Boryslav, Bukovytsia
Der aufgeschobene Traum | 164

79 — Die Déli 1 | Ungarn, Mátra-Gebirge, Gyöngyös, Kékestető
Per Bus zur Piste vom Dach des Landes | 166

80 — Die Turistická | Slowakei, Niedere Tatra, Demänovská Dolina, Jasná
Carving-Teppich mit Tatra-Blick | 168

81 — Die Lomnické sedlo | Slowakei, Hohe Tatra, Tatranská Lomnica, Lomnické sedlo
Tiefschnee im kleinsten Hochgebirge der Welt | 170

82 — Die Hala Gąsienicowa | Polen, Hohe Tatra, Zakopane, Kasprowy Wierch
Alpines Terrain über Polens Winterhauptstadt | 172

83 — Die FIS | Polen, Beskiden, Szczyrk, Skrzyczne
Im rassigen Auge des Sturms | 174

84 — Die Petrovy Kameny | Tschechien, Sudeten, Karlova Studánka, Praděd-Figura
Schneegeister am Altvater | 176

85 — Die Skitour | Tschechien, Riesengebirge, Janské Lázně, Černá hora/Javor
Safari unter der Schneekoppe | 178

86 — Die Stoh | Tschechien, Riesengebirge, Špindlerův Mlýn, Svatý Petr
Weiße Wand über St. Peter | 180

87 — Die Jáchymovská | Tschechien, Erzgebirge, Jáchymov, Klínovec
Auf der Überholspur | 182

88 — Die Rode Piste | Niederlande, Süd-Limburg, Landgraaf, Snowworld
Weltcup auf der Kohlehalde | 184

89 — Der President's Run | England, Lake District, Glenridding, Raise Mountain
For the really dedicated only | 186

90 — Die Flypaper | Schottland, Highlands, Glencoe, Glencoe Mountain
For Brave Hearts only | 188

91 — Die White Lady | Schottland, Highlands, Aviemore, Cairngorm
Die Röcke der weißen Dame | 190

92 — Die Kóngurinn | Island, Brennisteinsfjöll, Kópavogur, Bláfjöll
Wo sich die Kontinente scheiden | 192

93 — Die Brattabrekka | Island, Norðurland, Akureyri, Hlíðarfjall
Schneeloch über dem Eyafjord | 194

94 — Die Elvershei-Varianten | Norwegen, Skanden, Røldal, Røldal Skicenter
Der angeblich schneereichste Ort Europas | 196

95 — Der Gaustatoppen | Norwegen, Skanden, Rjukan, Gaustablikk
Geheime U-Bahn ins Freeride-Paradies | 198

96 — Die OL | Norwegen, Skanden, Noresund, Norefjell
Wo Stein Eriksen zur Legende wurde | 200

97 — Die Olympiabakke | Norwegen, Skanden, Lillehammer, Kvitfjell
Wo Wasmeier Stein Eriksen übertraf | 202

98 — Die Dalsnibba | Norwegen, Skanden, Geiranger, Dalsnibba
Spektakulärer geht's nicht | 204

99 — Die Meraftaløypa øvre | Norwegen, Skanden, Stranda, Strandafjellet
Aussichten im Überfluss | 206

100 — Die High Voltage | Norwegen, Skanden, Narvik, Narvikfjellet
Ein schöner Rücken kann auch entzücken | 208

101 — Die G.2 | Finnland, Lappland, Levi, Levitunturi
Polares Kriterium des frühen Schnees | 210

102 — Die Kilparinne | Finnland, Maanselkä, Salla, Sallatunturi
Das geteilte Fjäll | 212

103 — Die Piste 12 | Finnland, Maanselkä, Ruka, Rukatunturi
Die Schneefarmer von Kuusamo | 214

104 — Der Gränsleden | Schweden, Skanden, Riksgränsen, Riksgränsfjället
Grenzgänge unter der Mitternachtssonne | 216

105 — Die Ingemarbacken | Schweden, Skanden, Tärnaby, Tärnaby Alpint
Wiege der Heroen | 218

106 — Die Ravinen | Schweden, Skanden, Åre, Åreskutan
Wo in Schweden der alpine Rennsport begann | 220

107 — Die Väggen | Schweden, Sälenfjällen, Sälen, Tandådalen/Hundfjället
Schwedens schnellste Abfahrt | 222

108 — Die Tehvandi | Estland, Otepää, Munakas Resort
Steilhang im Flachland | 224

109 — Die Kordes | Lettland, Sigulda, Kordes
Lettlands Antwort auf St. Moritz | 226

110 — Die Snow Arena | Litauen, Druskininkai, Snow Arena
Das einzige Hybridskigebiet der Welt | 228

111 — Die Skadi | Dänemark, Roskilde/Kopenhagen, Hedeland/CopenHill
Wo ein Wille ist, ist auch ein Berg | 230

DEUTSCHLAND, ALPEN, GARMISCH-PARTENKIRCHEN, ZUGSPITZE

1 Die Gletscherabfahrt
Von wegen ewig

Die Zugspitze ist Deutschlands schneereichster Berg. Die am 2.650 Meter hoch gelegenen Zugspitzplatt aufgezeichnete Messreihe von 1999 bis 2017 weist durchschnittlich 18,5 Meter Schneefall pro Jahr aus. Das ist mehr als jedes nordamerikanische Skigebiet für sich reklamiert! Im Lawinenjahr 1999 wurden sogar 26 Meter gemessen, am 26. April 1980 registrierte man eine Schneedecke von 7,8 Metern und am 30. Mai 2019 mit 6,4 Metern einen Rekord für einen so späten Termin im Frühjahr. Aber anders als 1980 reichte selbst das nicht: Binnen elf Wochen raffte das heiße, trockene Sommerwetter die gesamte Schneemenge dahin, und das Eis des Schneeferners, Deutschlands einzigen für den Skibetrieb erschlossenen Gletschers, war ab Mitte August schutzlos der erbarmungslosen Sonne ausgeliefert.

Der im 19. Jahrhundert noch 300 Hektar messende Gletscher ist heute auf weniger als 20 Hektar zusammengeschmolzen. Wenige Jahre noch, und die Ära des Gletscherskilaufs in Deutschland wird vorüber sein. Ihren Höhepunkt erfuhr sie 1968, als man die Lifte im Frühjahr nicht abstellte, weil immer wieder Neuschnee kam. In der einzigen deutschen Sommer-Skisaison sank die Schneedecke erst Ende August unter die Marke von einem Meter.

Inzwischen werden die Lifte am 1. Mai abgestellt, obwohl meist erst dann die größte Schneedecke erreicht wird. Und während die Saison früher Anfang Oktober losging, startet sie inzwischen manchmal erst im Dezember. Auch das Skigebiet ist schon etwas abgeschmolzen. Bis 2003 führte eine Sesselbahn am Schneefernerkopf bis auf 2.830 Meter hinauf. Sie erschloss eine Buckelpiste hinab zum Platt und die bis zu 40 Grad steile Abfahrt »Neue Welt«, die über 1.800 Höhenmeter hinab nach Ehrwald verläuft. Der noch über Eis führende Abschnitt der Gletscherabfahrt misst aktuell gerade mal 400 Längenmeter – Tendenz sinkend. Wer noch einmal in Deutschland auf dem Gletscher Ski fahren will, sollte es bald tun.

Skigebiet 2.000–2.700 Meter, 6 Lifte (Komfort: 5,62/10), 17 Kilometer Abfahrten (Komfort: 4,35/10), 0 Prozent beschneit | **Abfahrtstyp** Piste leicht (nicht beschneit) | **Schneebericht** www.zugspitze.de | **Skisaison** Anfang Nov.–Anfang Mai | **Anreise** vom Flughafen München 137 Kilometer, Bahnhof in Garmisch-Partenkirchen mit Anschluss zum Zugspitzplatt | **Tipp** Die 2.962 Meter hohe Zugspitze ist wegen ihrer phantastischen Aussicht auch ohne Skier ganzjährig eine Reise wert. Im Winter zahlt man für einen Skipass übrigens weniger als für eine bloße Berg- und Talfahrt mit der Seilbahn vom Eibsee. Die hält gleich drei Weltrekorde: den größten Höhenunterschied einer Seilbahnsektion (1.945 Meter), die größte Stahlbaustütze (127 Meter) und das längste freie Spannfeld (3.213 Meter).

2 Die FIS Standard-Strecke
Wo Preis und Leistung stimmen

Während der vier Jahre, die ich als Student am Bodensee wohnte, war Balderschwang mein bevorzugtes Skiziel. Damals kostete die Tageskarte 18 Mark, die Hälfte dessen, was umliegende Skigebiete verlangten. Dafür bestand die Liftflotte nur aus Schleppliften. Inzwischen gibt es auch Sesselbahnen, und die Preise sind gestiegen, deutlich günstiger als anderswo ist Skifahren hier aber immer noch. Und wie eh und je fällt mehr Schnee als überall sonst: Mit 7,5 Metern jährlicher Neuschneesumme ist Balderschwang das schneereichste Dorf der Republik, im Rekordjahr 1999 fielen fast 13 Meter auf Balderschwangs Dächer.

Erschlossen hat das Skigebiet der Bad Wörishofer Malermeister Heinz Fischer anno 1962, als er noch aktiver Skirennläufer war. Damals war Balderschwang nur über eine notdürftige und mautpflichtige Zufahrt via Riedbergpass zu erreichen, weshalb Fischer für seine Idee viel Kopfschütteln erntete. Trotzdem baute er den Gelbhansekopf-Schlepplift, der am Nordhang des Balderschwanger Hausbergs 450 Höhenmeter überwindet und immer noch läuft – wenn auch in Altersteilzeit, nämlich an den seltenen Tagen, an denen die 2002 errichtete, parallel verlaufende Sesselbahn an ihre Kapazitätsgrenze stößt.

Beide Lifte erschließen Balderschwangs Top-Piste: die FIS Standard-Strecke. Eine schwarze, schattige Angelegenheit, die Rennfahrerherzen wie das von Fischer höherschlagen lässt, für das Gros der Schneesportler aber eine Spur zu knackig ist. Doch nach und nach ergänzte Fischer weitere Lifte, die auch leichte Hänge bedienen. Er ist nach wie vor der Chef in Balderschwang, und immer noch stellt er die Lifte stets Ende März ab, egal, wie viel Schnee dann liegt und ob gerade Osterferien sind. So ist Fischer das Kopfschütteln treu geblieben, zumindest seitens der Balderschwanger Hoteliers. Wobei: Ohne Fischers Pioniergeist gäbe es im niederschlagsreichsten Ort Deutschlands vielleicht gar keine Hotels.

Skigebiet 1.003 – 1.489 Meter, 13 Lifte (Komfort: 4,85/10), 27 Kilometer Abfahrten (Komfort: 5,02/10), 80 Prozent beschneit | **Abfahrtstyp** Piste schwer (beschneit) | **Schneebericht** www.skigebiet-balderschwang.de | **Skisaison** Mitte Dez.–Ende März | **Anreise** vom Flughafen München 209 Kilometer, vom Bahnhof Fischen 17 Kilometer | **Tipp** Das schneesichere Balderschwanger Hochtal ist ideal für den Skilanglauf geeignet. Neben circa 25 Kilometer Loipen rund um das Dorf bis zum Fuß des Riedbergpasses gibt es auch die 41 Kilometer lange Grenzlandloipe, die bis hinüber ins österreichische Hittisau führt. Die Verleihbetriebe in Balderschwang sind voll auf die Langläufer eingestellt, die Schneesportschule bietet Kurse für alle Leistungsstufen.

3 Die La Rösa
Firnfreuden auf der Alpensüdseite

Der alleinstehende, 2.959 Meter hohe Piz Lagalb ragt als makellos weißer Kegel über dem Berninapass genau auf der Wasser- und Wetterscheide des Alpenhauptkamms auf. Dieser Lage verdankt er Schnee sowohl von Norden als auch von Süden, insgesamt rund zehn Meter pro Jahr – am 2.307 Meter hohen Berninapass waren es von 1981 bis 2010 durchschnittlich 792 Zentimeter pro Jahr, als einzige Schweizer Station hatte man nicht weniger als zwischen 1961 und 1990. Die Form des Lagalb erlaubt Abfahrten in alle Himmelsrichtungen. In Kombination machen ihn diese Eigenschaften zu einem Kultberg für Freerider, zumal die einzige Liftanlage, die an seiner Nordwestflanke hinaufführende Luftseilbahn, nur 540 Skifahrer pro Stunde an den Start bringt.

An der Bergstation stehen zwei rote und eine schwarze Piste zur Wahl, Letztere ist mit bis zu 86 Prozent Gefälle die steilste Abfahrt Graubündens. Neben den gewalzten Pisten bilden sich an den steilen Flanken des Lagalb regelmäßig prächtige Buckel – ideales Terrain, um die Oberschenkel auf größere Aufgaben im freien Gelände vorzubereiten. Das lockt auch auf der liftmäßig unerschlossenen Südseite des Bergs. Auch bei den Einheimischen sehr beliebt ist die Variante über die Fuorcla Minor zum Schweizer Zollhaus in La Motta. »La Rösa« heißt dieser Run über knapp 1.000 Höhenmeter, der besonders im Frühjahr bei Firnschnee ein echter Genuss ist. Diese Piste ist nicht markiert und präpariert. Man sollte daher neben der entsprechenden Lawinenausrüstung auch Erfahrung mitbringen oder an der Talstation Lagalb eine Abfahrt mit einem qualifizierten Guide buchen.

Zurück zur Talstation Lagalb geht's per Bus. Der fährt täglich um 10.30 Uhr ab La Motta und kostet 15 Franken pro Person, eine Anmeldung ist erforderlich und zwar bis spätestens eine Stunde vor Abfahrt (Tel. +41/81/8393939). Alternativ gelangt man auch per Anhalter über den Berninapass zurück ins Oberengadin.

Skigebiet 2.107–2.893 Meter, 1 Lift (Komfort: 6,50/10), 8 Kilometer Abfahrten (Komfort: 8,07/10), 55 Prozent beschneit | Abfahrtstyp Tourenabfahrt (nicht beschneit) | Schneebericht www.corvatsch-diavolezza.ch | Skisaison Mitte Dez.–Mitte April | Anreise vom Grenzübergang Lindau 196 Kilometer via Chur und Julierpass, vom Flughafen Mailand-Linate 186 Kilometer, Bahnhof an der Talstation Lagalb | Tipp Wer es an einem Tag schafft, elf Abfahrten und vier Aufstiege von der Bergstation zum Gipfel des Piz Lagalb zu bewältigen, kann Mitglied im »Club 8848« werden. Der Name leitet sich von der damit überwundenen Höhe des Mount Everest ab. Für zehn Franken bekommt man an der Bergstation den erforderlichen Challenge-Kit mit Tracking-Karte, Zipper, Armband und Power-Riegel von der örtlichen Bäckerei Albris.

4 Der Eigergletscher
15 Minuten Bergfahrt, 12 Kilometer Abfahrt

Für viele asiatische Touristen war das Jungfraujoch mit dem höchsten Bahnhof Europas ein Muss auf ihrer Europareise. Zumindest für die, die genug Zeit mitbrachten, denn die Fahrt mit der Zahnradbahn von Grindelwald-Grund (937 Meter) bis hinauf auf 3.454 Meter dauerte weit über eine Stunde. Auch für Skifahrer, die von Grindelwald aus in das Skiareal rund um die Kleine Scheidegg starten wollten, war die langsame, 1893 eröffnete Zahnradbahn nicht gerade das Optimum.

Mit dem 2020 errichteten Eiger Express lösten die Jungfraubahnen beide Probleme. Die 6.483 Meter lange Bahn verkürzt die Fahrzeit zum Jungfraujoch um 47 Minuten. Nur 15 Minuten brauchen die 28er-Kabinen bis zur Station Eigergletscher (2.328 Meter), von wo aus die Zahnradbahn durch einen Tunnel in der Eiger-Nordwand die letzten Kilometer zum Joch hinauffährt.

Skifahrern liegt am Eigergletscher das gesamte Skigebiet zu Füßen. Hier starten Pisten aller Schwierigkeitsgrade, man kann nach Wengen abfahren oder eben zurück nach Grund. Wählt man die neue Abfahrt via Kleine Scheidegg und nimmt von dort aus noch die Varianten über die Pisten 25 und 24, hat man bei der Ankunft an der Talstation zwölf leichte Streckenkilometer zurückgelegt. Das dauert locker 45 Minuten und ergibt ein traumhaftes Verhältnis zwischen Liftzeit und Abfahrtszeit, zumindest für jene, die es beim Skifahren am liebsten gemütlich angehen lassen.

Die sitzen dann gemeinsam mit den unter Zeitdruck stehenden asiatischen Sightseeing-Touristen in den Gondeln – seitdem die wieder nach Europa reisen. Dummerweise sorgte nämlich just zur Fertigstellung des 470-Millionen-Franken-Projekts Corona für ein Ende des Reisestroms. Nach den üblichen Gewinnen von 50 Millionen Franken standen 2020 und 2021 plötzlich Verluste in der Bilanz der Jungfraubahn AG. Aber kein Grund zur Panik, der Eiger Express musste seinen Betrieb deshalb nicht einstellen.

Skigebiet 937–2.399 Meter, 23 Lifte (Komfort: 7,24/10), 101 Kilometer Abfahrten (Komfort: 4,43/10), 70 Prozent beschneit | Abfahrtstyp Piste leicht (beschneit) | Schneebericht www.jungfrau.ch | Skisaison Ende Nov.–Mitte April | Anreise ab Basel 168 Kilometer via Bern, vom Flughafen Zürich 152 Kilometer, Bahnhof in Grindelwald | Tipp Zweieinhalb Stunden müssen Rodler von der Bergstation der Gondelbahn First bis zum Faulhorn (2.680 Meter) aufsteigen. Hier startet »Big Pintenfritz«, die längste Rodelstrecke der Welt. Die Mutigsten bringen die 15-Kilometer-Distanz in rund 30 Minuten hinter sich – vorausgesetzt, sie kommen nicht, wie der einstige Wirt des Faulhorn-Restaurants, vom Weg ab, etwa beim Einkehren im Bergrestaurant Bussalp. Man erzählt sich, dass der »Pintenfritz« nach dem Schlitteln regelmäßig in einer Pinte hängen geblieben sei.

SCHWEIZ, ALPEN, ZERMATT, ROTHORN

5   Die Rotweng
Der beste Blick aufs Matterhorn

Von der 2.571 Meter hoch gelegenen Pistendrehscheibe Blauherd betrachtet, wirkt das 3.103 Meter hohe Rothorn ziemlich abweisend und eigentlich zu steil zum Skifahren. Die Luftseilbahn scheint fast senkrecht emporzuschweben, keine Spur ist zwischen den Felsen im Gipfelbereich zu erkennen. Seine Vorzüge als Skiberg entfaltet das Rothorn ausschließlich auf seiner von Blauherd aus nicht einsehbaren Rückseite, seine Qualitäten als Aussichtsberg lassen sich hingegen bereits von unten ermessen, denn schon von Blauherd aus eröffnet sich ein phantastischer Blick auf den vielleicht schönsten, mit Sicherheit aber meistfotografierten Berg der Alpen: das 4.478 Meter hohe Matterhorn.

Oben am Rothorn ist das Panorama noch umfassender. Außer dem Matterhorn und den Gipfeln des Monte Rosa rücken mit Dom, Täschhorn, Alphubel, Rimpfischhorn und Strahlhorn auch diverse Viertausender der Mischabelgruppe ins Blickfeld. Bei der Abfahrt, die zunächst in östlicher Richtung verläuft, fesselt zu Beginn die Aussicht auf das weitläufige Nährgebiet des Findelgletschers. Kurz unterhalb der Scharte zwischen Rothorn und Oberrothorn schwenkt die Piste nach Süden ein und nimmt die Hängegletscher des hinter dem Gornergrat aufragenden Breithorns (4.164 Meter) ins Visier. Ab der Abzweigung der Piste zur Fluhalp dominiert die klassische Ansicht des Matterhorns das Panorama: die sonnige Ostwand, die grimmige Nordwand und dazwischen der scharf gezeichnete Hörnligrat, über den 1865 die Erstbesteigung gelang. Hier muss man sich entscheiden: entweder links via Berggasthaus Fluhalp und über die Moräne des Findelgletschers nach Gant (eine Sesselbahn führt zurück nach Blauherd) oder geradeaus via Blauherd und Tuftern zur Talstation der 2020 eröffneten Zehner-Gondel Kumme, der alpenweit ersten personalfrei betriebenen Seilbahn. Sie führt »hintenrum« aufs Rothorn und bedient über eine Mittelstation herrliche Abfahrten auf dessen Nordseite.

Skigebiet 1.562–3.820 Meter, 52 Lifte (Komfort: 6,94/10), 254 Kilometer Abfahrten (Komfort: 4,27/10), 80 Prozent beschneit | Abfahrtstyp Piste mittelschwer (beschneit) | Schneebericht www.matterhornparadise.ch | Skisaison Anfang Dez.–Ende April (am Plateau Rosa ganzjährig) | Anreise ab Basel 225 Kilometer bis Täsch via Bern und Lötschberg (Autoverlad), vom Flughafen Bern 133 Kilometer, Bahnhof in Zermatt | Tipp Im Sommer 2023 eröffnete mit dem »Matterhorn Alpine Crossing« die erste Alpenüberquerung per Seilbahn zwischen der Schweiz und Italien. Mit einer kühnen neuen Bahn, die von der Testa Grigia über den Theodulgletscher stützenlos zum Klein Matterhorn zielt, erfolgte der Lückenschluss einer insgesamt gut 18 Kilometer langen Seilbahnstaffel zwischen Breuil-Cervinia und Zermatt. Die Hin- und Rückfahrt kostete zum Auftakt 240 Franken – mit einem Skipass weniger als die Hälfte.

6 Die Black Wall
Abstieg durch die Schwarze Wand

In den letzten Jahren haben sich Skigebiete in den Alpen einen Wettstreit um die steilsten Abfahrten geliefert. Mayrhofens Harakiri gab den Anstoß. Der Begriff »schwarz« wurde zu einem wichtigen Bestandteil möglichst einschüchternder Namen. Am Kitzsteinhorn eröffnete die »Black Mamba«, am Kaunertaler Gletscher die »Black Ibex«. Zur Saison 2022/23 setzte das Skigebiet Glacier 3000 mit »The Black Wall« neue Maßstäbe.

Diese Piste ist mit einem Gefälle von bis zu 104 Prozent nicht nur außergewöhnlich steil, sie hat auch den zusätzlichen Reiz, dass man durch einen 265 Meter langen Tunnel fahren muss, der für Millionen von Schweizer Franken durch eine Felswand gebohrt wurde, bevor man überhaupt zum Start gelangt. Das fühlt sich an wie die Auffahrt in einer Achterbahn, wo die Spannung umso stärker steigt, je näher man dem Punkt kommt, an dem die Wagen steil in die Tiefe kippen.

In Kombination mit dem 2017/18 eröffneten »Red Run« ermöglicht die »Black Wall« endlich eine direkte Abfahrt von der Bergstation Scex Rouge zur Talstation der Seilbahn am Col du Pillon, das sind 1.402 ununterbrochene Höhenmeter. Vor dem Tunnel weisen indes Warnschilder darauf hin, dass der Hang, der auf der anderen Seite wartet, nur für Experten geeignet ist. Einmal im Tunnel, gibt es keinen Weg zurück, sondern nur den nach unten.

Der Bau des Tunnels war nicht unumstritten. Bis 1999 bediente eine eigene Gondelbahn das Areal rund um Pierres Pointes, anschließend wurde es zu einem beliebten Freeride-Gelände für hartgesottene Skifahrer, die bereit waren, die rund 700 Höhenmeter bis zur ehemaligen Bergstation (dem jetzigen Tunnelausgang) aufzusteigen. Sie beklagen den Verlust ihres privaten Spielplatzes. Ein wesentlich dramatischerer Verlust spielt sich in der obersten Etage des Skigebiets ab: Im Sommer 2022 war der Pass zwischen den Gletschern Scex Rouge und Tsanfleuron erstmals seit 2.000 Jahren eisfrei.

Skigebiet 1.358 – 2.985 Meter, 11 Lifte (Komfort: 5,61/10), 33 Kilometer Abfahrten (Komfort: 5,29/10), 0 Prozent beschneit | Abfahrtstyp Piste schwer (nicht beschneit) | Schneebericht www.glacier3000.ch | Skisaison Anfang Nov.–Anfang Mai | Anreise ab Basel 194 Kilometer bis Reusch via Bern und Thun, vom Flughafen Genf 132 Kilometer, vom Bahnhof Gstaad 15 Kilometer | Tipp Die Hängeseilbrücke an der Bergstation der Seilbahn ist weltweit die einzige, die zwei Berggipfel miteinander verbindet. An klaren Tagen kann man von der 107 Meter langen und 80 Zentimeter breiten Brücke aus den Panoramablick auf Eiger, Matterhorn und Montblanc genießen.

7 Das Couloir Dagobert
Lawinenrinne im Mittelgebirge

Frankreichs nördlichstes Mittelgebirge ragt über dem Oberrheingraben direkt gegenüber dem Schwarzwald auf: die Vogesen. Zwischen dem unweit von Colmar gelegenen Lac Blanc und dem 1.424 Meter hohen Grand Ballon bilden sie auf einer Länge von mehr als 30 Kilometern einen in Nord-Süd-Richtung verlaufenden und über die Waldgrenze aufragenden Gebirgskamm, an dessen Ostflanke eiszeitliche Gletscher wunderschöne Bergseen und steile Karwände hinterlassen haben. Letztere ermöglichen alpine Abfahrtserlebnisse, für die die Locals ansonsten weit fahren müssten. Absoluter Hotspot der elsässischen Freeride-Community ist das 1.363 Meter hohe Hohneck, der dritthöchste Berg der Vogesen.

Vom Rand eines rund zwei Kilometer weiten Felsenkessels zwischen Martinswand und Col du Schaeferthal stürzen hier ein Dutzend Couloirs in Richtung des Karbodens rund um die leider nur im Sommer geöffnete Berghütte Ferme Auberge du Frankenthal. Aushängeschild ist das Couloir Dagobert, auch Soldatenschlaten oder Grand Couloir de la ferme du Frankenthal genannt. Über 80 Prozent Gefälle und große Felsen erfordern eine Menge Schnee, den es – wenn überhaupt – meist erst im Frühjahr gibt. Mit der Schneedecke steigt aber auch die Lawinengefahr in der knapp 700 Meter langen Rinne. Das begrenzt die Anzahl der Tage, an denen eine Befahrung des Couloirs möglich ist, in manchen Wintern liegt sie bei genau null.

Hat man kein Glück, was die Freeride-Bedingungen betrifft, kann man sich die Zeit im auf der anderen Seite des Hohnecks gelegenen Skigebiets von La Bresse vertreiben. Das ist das größte der Vogesen und bietet mit der Piste Noire immerhin eine wirklich schwarze Piste: Der knapp 600 Meter lange mittlere Abschnitt hat durchschnittlich 40 Prozent Gefälle. Die Lifte von La Bresse führen bis auf die kahle Kuppe des 1.350 Meter hohen Kastelbergs. Der Blick von dort bis zu den Berner Alpen entschädigt ebenfalls für entgangene Off-Piste-Abenteuer.

Skigebiet 872–1.350 Meter, 13 Lifte (Komfort: 4,66/10), 21 Kilometer Abfahrten (Komfort: 4,45/10), 70 Prozent beschneit | Abfahrtstyp Tourenabfahrt schwer (nicht beschneit) | Schneebericht www.labresse.labellemontagne.com | Skisaison Mitte Dez.–Ende März | Anreise ab Grenzübergang Breisach 67 Kilometer bis auf das Hohneck, vom Flughafen Basel/Mulhouse 89 Kilometer, vom Bahnhof Munster 24 Kilometer | Tipp Der aussichtsreiche Vogesenkamm ermöglicht wundervolle Winterwanderungen oder Langlauftouren, etwa die Kammloipe vom Col de la Schlucht zum Gazon du Faing oder weiter zum Lac Blanc oder die in über 1.200 Metern Höhe gelegenen Rundkurse von Trois-Fours. Sie führen auch am Belvedere du Frankenthal vorbei, der einen perfekten Blick auf die Couloirs des Hohnecks eröffnet.

8 Das Val d'Enfer
Tanz auf dem Vulkan

Mont-Dore heißt der Skiort unterhalb des Puy de Sancy in der französischen Auvergne. Mit 1.886 Metern ist der Puy der höchste Gipfel des französischen Zentralmassivs. Das ist vulkanischen Ursprungs, und so begann die touristische Karriere von Mont-Dore als Thermalbadeort. Seit 1907 wird hier auch Ski gefahren. Vom Dorf sind es drei Kilometer bis in einen großartigen Felsenkessel am Talschluss des Dordognetals, von wo aus eine Seilbahn zur Schulter des Puy startet. Eindrucksvolle Steilrinnen kippen in die baumlose Nordflanke, spitze Felszinnen krönen die dramatische Szenerie. Das hochalpine Terrain lässt die Herzen von Freeridern höherschlagen, für die es hier vor allem einen Sehnsuchtsort gibt: das Val d'Enfer!

Dessen reich gegliederte und stark zerklüftete Umfassung erstreckt sich halbkreisförmig zwischen der Bergstation der Seilbahn, dem 1.825 Meter hohen, per Schlepplift erreichbaren Pas de l'Âne und dem 1.780 Meter hohen Puy Redon. Etwa ein Dutzend der Couloirs tragen Namen, sie alle sind steil, einige erfordern sehr viel Schnee, wie die Demoiselles oder die Infeasible. Den Couloir des Poubelles erreicht man direkt von der Bergstation der Seilbahn. Aber Achtung: Man sollte sich wegen deren Nähe nicht in Sicherheit wiegen. Das Gelände ist lawinenträchtig, Eis und harter Schnee können Befahrungen unmöglich machen. Man muss die Route also sorgfältig auswählen, am besten schließt man sich einheimischen Freeridern an. Unter www.topo-freeride.ski-sancy.fr findet man ausführliche Infos zu den zahlreichen Optionen im freien Gelände.

Zahlreich sind die Varianten auch für Pistenfahrer. Durch die Verbindung mit der Station Super Besse auf der Südseite des Puy de Sancy wurde eines der größten Skigebiete Europas außerhalb der Alpen geschaffen. Bei Schönwetter kann die Wartezeit an den leistungsschwachen Verbindungsliften über den Puy Ferrand allerdings bis zu einer Stunde betragen.

Skigebiet 1.070–1.846 Meter, 35 Lifte (Komfort: 4,90/10), 64 Kilometer Abfahrten (Komfort: 4,80/10), 65 Prozent beschneit | **Abfahrtstyp** Tourenabfahrt schwer (nicht beschneit) | **Schneebericht** www.sancy.com | **Skisaison** Anfang Dez.–Anfang April | **Anreise** vom Grenzübergang bei Neuenburg/Mülhausen 571 Kilometer via Besançon und Chalon-sur-Saône, vom Flughafen Lyon 254 Kilometer, Bahnhof in Mont-Dore | **Tipp** Zwischen 1817 und 1823 errichtete der Architekt Louis-Charles-François Ledru einen Thermalbadkomplex auf den Resten galloromanischer Badeanlagen im Zentrum von Mont-Dore. Ein Besuch des prachtvollen Baus im neobyzantinischen Stil ist ein absolutes Muss.

9 Die Reblochon-Piste
Nicht alles Käse

Für viele Menschen gehört Käse zum Skiurlaub dazu. Bei Fondue, Raclette, Tartiflette oder einem der 101 weiteren Käsegerichte, die in Berghütten angeboten werden, besteht der Kampf hauptsächlich darin, mehr Kalorien zu verbrennen, als man verspeist. Für viele Bergdörfer ist die Käseproduktion ein wichtiger Wirtschaftszweig, oft hat nur der Tourismus eine noch höhere Bedeutung als die traditionelle Milchwirtschaft.

Definitiv ist das in der Region Aravis der Fall, wo die Menschen besonders stolz auf ihre familiengeführten Reblochon-Käsereien sind. Von denen existieren mehr als 100. Hergestellt wird der Käse aus der Milch der Abondance-Kühe, von denen es hier ebenso viele wie Menschen gibt (jeweils etwa 2.000). Die Geschichte der Landwirtschaft reicht hier 800 Jahre zurück, ist also etwa sechsmal länger als die Geschichte des Skisports. Kein Wunder, dass irgendwann jemand auf die Idee kam, die beiden prägendsten Elemente der lokalen Kultur zusammenzuführen!

So wurde die Reblochon-Piste geboren. Dazu benannte man zunächst schlicht die bestehende Envers-Piste um, eine herrliche, sehr einfache Strecke, die am Rand des Tals hinabführt und wunderschöne Ausblicke auf urige Chalets und den Wald von Beauregard bietet; eine Trasse, auf der im Sommer die Kühe weiden. Außerdem installierte man Informationstafeln, die über die bäuerliche Geschichte der Region und über die Reblochon-Herstellung informieren. Dazu ist eine Schatzsuche in die Route integriert, und entlang der Strecke kann man verschiedene Arten von Kuhglocken läuten – ein Riesenspaß für Kinder. Am Ende der Piste, nachdem man sein Wissen über Käse erweitert und sein Wohlbefinden durch 2,5 Kilometer Abfahrtsgenuss gesteigert hat, ist wohl der beste Moment, ein Exemplar des halbfesten, feinwürzigen Reblochon zu genießen, etwa in Form einer Reblochonade, eines Raclettes aus dem Käse, der der Piste seinen Namen gegeben hat.

Skigebiet 1.050–2.485 Meter, 49 Lifte (Komfort: 5,82/10), 101 Kilometer Abfahrten (Komfort: 4,12/10), 29 Prozent beschneit | **Abfahrtstyp** Piste sehr leicht (nicht beschneit) | **Schneebericht** www.skipasslaclusaz.com | **Skisaison** Mitte Dez.–Anfang Mai | **Anreise** ab Basel 316 Kilometer via Genf, vom dortigen Flughafen 67 Kilometer, vom Bahnhof Cluses 43 Kilometer | **Tipp** Wegen seines ursprünglichen Charakters haben bekannte Freerider wie Candide Thovex und Seb Michaud im Bergdorf La Clusaz ihre Zelte aufgeschlagen. Michaud zeigt Gästen bei seinen vierstündigen Freeride-Sessions, welch großartiges Off-Piste-Terrain an den Bergen oberhalb der Käseabfahrt lockt.

10 Die Faust
Zeitlose Moderne im Schnee

Als der Milliardär Eric Boissonnas und der Schweizer Architekt Gérard Chervaz im Winter 1959 vom Col de Pierre Carrée in eine riesige Bergschale blickten, wussten sie, dass sie den Standort für die Verwirklichung ihrer ganz persönlichen Vision von einer Skistation gefunden hatten. Sie wollten einen urbanen Ort in den Bergen schaffen, wo Ästhetik und Umweltverträglichkeit Vorrang vor kurzfristigem Profit haben sollten. Den abgeschiedenen Talschluss, über den sich die schneereichen Nordhänge der 2.480 Meter hohen Grandes Platières himmelwärts strecken, hätten sie sich nicht besser ausmalen können.

Nachhaltigkeit war damals noch nicht in aller Munde. Aber als Flaine 1969 eröffnete, bot es Innovationen, die den ökologischen Fußabdruck reduzieren halfen: ein emissionsfreies Gasheizwerk, vollkommene Autofreiheit und eine Architektur, die minimalen Flächenverbrauch mit größtmöglicher Einpassung in die natürliche Umgebung verband. Das Design entwarf der Bauhausarchitekt Marcel Breuer. Er griff die Topografie der Felsbänder an der Südseite der Bergschale auf und gestaltete die Gebäude wie deren natürliche Fortsetzung, sodass sie trotz ihrer vielen Geschosse nicht wie Fremdkörper wirken. Zudem passte er den Beton den Schattierungen des Kalk- und Sandsteins an, die Fassaden verschachtelte er so, dass sie im täglichen Lauf der Sonne ihr Gesicht stetig verändern.

Von der Faust hat man einen perfekten Blick auf dieses Bild. Die breite Genusspiste führt in direkter Linie die knapp 1.000 Höhenmeter von den Grandes Platières mit ihrer großartigen Aussicht auf den Montblanc hinab nach Flaine, rund zwei Drittel davon oberhalb der Waldgrenze. Obwohl man die Station stets im Visier hat, verschwimmt sie vor den Augen immer wieder mit der umgebenden Landschaft. Das verleiht Flaine eine guttuende, zeitlose Natürlichkeit. Das Auge isst eben mit – vor allem in Frankreich.

Skigebiet 699–2.480 Meter, 57 Lifte (Komfort: 6,03/10), 176 Kilometer Abfahrten (Komfort: 4,28/10), 50 Prozent beschneit | Abfahrtstyp Piste mittelschwer (beschneit) | Schneebericht www.flaine.com | Skisaison Anfang Dez.–Mitte April | Anreise ab Basel 337 Kilometer via Genf, vom dortigen Flughafen 60 Kilometer, vom Bahnhof Cluses 29 Kilometer | Tipp Ein besonderes Abfahrtserlebnis bietet die Piste des Cascades. Diese 10,9 Kilometer lange, leichte Piste führt auf der Rückseite der Grandes Platières über 1.700 Höhenmeter abseits aller Liftanlagen hinunter in das Dorf Sixt. Von dort fährt man per Bus nach Samoëns, von wo aus man mit dem Grand Massif Express wieder ins Skigebiet zurückschweben kann.

11 Das Vallée Blanche
Granitnadeln, Séracs und ein Meer aus Eis

Sie ist mit 19,1 Kilometern die längste durch eine Seilbahn erschlossene Abfahrt der Welt: die Gletscherabfahrt von der Aiguille du Midi durch das Vallée Blanche und über das Mer de Glace nach Chamonix. Schon die Auffahrt mit der kühnen Seilbahn bis auf 3.783 Meter ist ein Erlebnis, begehrt sind die Plätze in den 65er-Kabinen daher auch bei Nichtskifahrern. Eine Reservierung ist obligatorisch. Das größte Hindernis für alle, die nicht per Gondel zu Tal fahren, wartet gleich zu Beginn: der Abstieg vom Tunnelfenster über den messerscharfen Grat zum Startpunkt der Abfahrt in 3.690 Metern Höhe. Ein Gefühl wie auf der Abschussrampe – nur nicht in den bodenlosen Abgrund zur Linken schauen.

Doch es folgt der pure Genuss: Schwünge über einen kurzen Steilhang, eine Querfahrt hinüber zum Vallée Blanche, das bis ins späte Frühjahr wundervolle Pulverhänge bietet. Dann das Gewirr blaugrün schimmernder Gletscherspalten in den Séracs du Géant – Grund dafür, die Abfahrt nur mit ortskundigem Führer anzugehen. Im Gletscherbruch bewegt sich das Eis mit zwei Metern pro Tag vorwärts, wer hier stürzt, wird schnell verschluckt. Am Fuß der Séracs ist bei 2.300 Metern die flache Zunge des Mer de Glace erreicht. Ein grandioser Rastplatz, genannt »salle à manger«, also »Speisezimmer«. Ringsherum streben kühne Felszinnen und Granitnadeln den Türmen gotischer Kathedralen gleich himmelwärts.

Auf den folgenden, flachen Kilometern kann man die Skier laufen und die Westalpenszenerie auf sich wirken lassen. Reicht der Schnee bis Chamonix, steigt man am Gletscherende einige hundert Meter bis zur Buvette des Mottets auf, von wo aus ein vier Kilometer langer Waldweg bis zu den Skiwiesen von Les Planards führt. Ansonsten gelangt man mit der Zahnradbahn von Montenvers zurück ins Tal. Deren Bergstation lag einst direkt am Gletscherrand, heute ist sie 400 Meter entfernt – ein trauriges Zeugnis des Klimawandels.

Skigebiet 1.060–3.690 Meter, 4 Lifte (Komfort: 7,10/10) | **Abfahrtstyp** ungesicherte Tourenabfahrt (nicht beschneit) | **Schneebericht** www.montblancnaturalresort.com | **Skisaison** Spalten in der Regel Ende Jan./Anfang Feb. ausreichend zugeschneit, Abfahrt bis etwa Ende April möglich | **Anreise** ab Basel 270 Kilometer via Martigny und Col de la Forclaz, vom Flughafen Genf 100 Kilometer, Bahnhof in Chamonix | **Tipp** Auf der Aiguille du Midi sollte man sich Zeit nehmen für einen Besuch der Aussichtsplattform auf dem 3.842 Meter hohen Gipfel. Dort bietet »Der Schritt ins Leere«, ein Glaskasten über dem 1.000 Meter tiefen Abgrund, Gelegenheit für eine Mutprobe. Im Berggipfel warten außerdem ein 4-D-Kino und verschiedene Ausstellungen.

12 Die Piste Aiguille Rouge
2.000 Höhenmeter Rasanz

»Achtung: Sie begeben sich in hochalpines Gelände, das Verlassen der geöffneten Pisten bedeutet Lebensgefahr«, erschallt es aus den Lautsprechern der Talstation. Dann öffnen sich die Schranken und 70 überwiegend mit breiten Skiern und Lawinenrucksäcken ausgerüstete Schneesportler strömen in den Bauch der Kabine.

Keine Stütze stellt deren Mägen während der dreiminütigen Fahrt auf die Probe. Der Schrecken kommt erst an der Bergstation beim Ausstieg auf den Gitterrost: Der Blick fällt in einen 600 Meter tiefen Abgrund. Doch der feste Boden am Gipfel der 3.226 Meter hohen Aiguille Rouge ist schnell erreicht. Sie stellt nicht nur den Ausgangspunkt für großartige Varianten im freien Gelände, sondern auch den Startpunkt der längsten schwarzen Abfahrt der Welt dar: der Piste Aiguille Rouge. Sie mündet nach einigen Kehren auf die weitläufigen, zunächst flachen, dann immer steiler werdenden Gefilde des Glacier du Varet. Es folgen schmalere Passagen bis zur Bergstation der Sesselbahn Lanchettes (2.500 Meter). Ab hier ist die Piste rot markiert, und die mittelsteilen Passagen via Plan des Violettes (2.100 Meter) sowie die anschließenden schnellen Idealhänge hinein in den Fôret du Rouna wollen einfach kein Ende nehmen.

In Le Solliet hat man die Qual der Wahl: die erste Einkehrstation entlang der Strecke ansteuern, auf der roten Piste weiterfahren oder in die schwarze Variante einbiegen. Die nächste Gelegenheit zur Stärkung gibt es erst am Ende der Abfahrt im 1.200 Meter hoch gelegenen Weiler Le Pré. Das Restaurant La Ferme ist urgemütlich und das deftige savoyardische Essen köstlich. Keine schlechte Idee also, sich hier aufzuwärmen. Zumal der Weg zurück nach Les Arcs und zur Aiguille Rouge über drei langsame, kalte Sesselliftkilometer führt. Die sorgen immerhin dafür, dass es nicht allzu viele Skifahrer mit der Piste Aiguille Rouge aufnehmen – Ellbogenfreiheit ist garantiert.

Skigebiet 1.200–3.226 Meter, 44 Lifte, zusammen mit La Plagne im Verbundskigebiet Paradiski 114 Lifte (Komfort: 6,02/10), 408 Kilometer Abfahrten (Komfort: 4,22/10), 30 Prozent beschneit | Abfahrtstyp Piste schwer (teils beschneit) | Schneebericht www.lesarcs-peiseyvallandry.com | Skisaison Anfang Dez.–Ende April | Anreise ab Basel 450 Kilometer via Genf, vom dortigen Flughafen 215 Kilometer, TGV-Bahnhof in Bourg-Saint-Maurice (Standseilbahn vom Bahnhof zur Station Arc 1600) | Tipp An der Talstation der Seilbahn zur Aiguille Rouge startet auch eine 1,8 Kilometer lange Zipline. Auf dem 70-sekündigen Flug erreichen die Passagiere Geschwindigkeiten von bis zu 130 Stundenkilometern. Sie folgt dem Verlauf der ehemaligen Speed-Skiing-Strecke. Schwer vorstellbar, dass die Abfahrer dort bis zur Schließung der Piste 2007 mit fast dem doppelten Speed unterwegs waren: 251,4 Stundenkilometer wurden 2006 vom Italiener Simone Origone erzielt.

13 Die Face de Bellevarde
Die schwerste Rennstrecke aller Zeiten

Wer wissen will, wie wahnsinnig man sein muss, um den Beruf des Abfahrtsläufers zu ergreifen, kann sich auf der Face de Bellevarde einen maximal verstörenden Eindruck davon verschaffen. Diese Abfahrt ist so extrem, dass man nach dem Rennen, für das sie gebaut wurde, erst einmal 17 Jahre keinen Wettbewerb mehr auf ihr austrug – und das obwohl ihr Standort Val d'Isère im Rahmen des Alpinen Weltcups traditionell das erste Herren-Abfahrtsrennen des Winters ausrichtet, das legendäre »Critérium de la première neige«, nur eben auf der eher zahmen Piste Oreiller-Killy drüben im Ortsteil La Daille.

Die vom Schweizer Skirennfahrer Bernhard Russi designte Face de Bellevarde direkt über dem historischen Ortskern von Val d'Isère ist extrem steil, das Maximalgefälle der 2.998 Meter langen Piste beträgt 71 Prozent. Sie ist die einzige Abfahrtspiste der Welt, bei der man vom Start direkt ins Ziel blicken kann und bei der die Zuschauer vom Zielraum aus 90 Prozent der Strecke sehen können. Das Premierenrennen am 9. Februar 1992 war der Höhepunkt der Olympischen Winterspiele von Albertville. Der Österreicher Patrick Ortlieb holte mit einer Zeit von 1:50,37 die Goldmedaille, womit er Lokalmatador Franck Piccard um fünf Hundertstelsekunden schlug.

Erst bei der 2009 in Val d'Isère stattfindenden Alpinen Ski-Weltmeisterschaft wurde die Face de Bellevarde wieder zur Bühne für die schnellsten Skirennläufer. Allerdings wurde die Kursführung der Abfahrt wegen des zwischenzeitlich veränderten Skimaterials angepasst. Es galt, Tempo herauszunehmen. Die zahlreich gesetzten engen Kurven führten zu einer Laufzeit, die etwa 20 Sekunden länger als 1992 war, die Durchschnittsgeschwindigkeit sank auf 80 Stundenkilometer – für eine Abfahrt sehr gering. Die Speed-Spezialisten kritisierten das teils heftig. Als Skitourist kann man seine eigene Linie auf der Face de Bellevarde wählen, von der direkten wird jedoch dringend abgeraten!

Skigebiet Espace Killy (Val d'Isère/Tignes) 1.550–3.456 Meter, 79 Lifte (Komfort: 6,23/10), 241 Kilometer Abfahrten (Komfort: 4,25/10), 50 Prozent beschneit | **Abfahrtstyp** Piste schwer (beschneit) | **Schneebericht** www.valdisere.com | **Skisaison** Ende Nov.–Anfang Mai | **Anreise** ab Basel 470 Kilometer via Genf, Chambéry und Albertville, vom Flughafen Genf 226 Kilometer, vom TGV-Bahnhof Bourg-Saint-Maurice 32 Kilometer | **Tipp** Quasi direkt im Auslauf der Face de Bellevarde steht das Centre Aquasportif, ein sehr ansprechendes Sport-, Bade- und Wellnesszentrum mit Sporthalle für Indoor-Fußball, Basketball, Badminton. Außerdem finden sich dort Squash-Courts, ein Fitnessstudio, eine Kletterwand, ein 25-Meter-Sportbecken, ein Erlebnispool, diverse Saunen sowie ein Golfsimulator.

14 Die Combe de Caron
Die Schöne und das Biest

In Val Thorens, der höchstgelegenen Skistation Europas, erlebte auch der ewige Konflikt zwischen Erschließern der Berge und Bewahrern der Natur einen ersten Höhepunkt. Pierre Schnebelen, *der* Pionier beim Bau französischer Skiorte, plante Val Thorens Anfang der 70er Jahre als Ganzjahres-Skiziel. Die projektierten Gletscherpisten lagen indes im 1963 gegründeten Nationalpark Vanoise. Bedenken von Umweltschützern weiteten sich zu nationalen Protesten aus, am Ende musste der damalige Staatspräsident Pompidou entscheiden. Er lehnte die großen Pläne ab, erlaubte aber eine moderate Erschließung des Glacier de Chavière. Die dortigen Anlagen sind längst verschwunden, ebenso wie jene auf den Gletschern von Péclet und Thorens – aus 365 Tagen Skisaison sind 164 geworden.

Geblieben ist Val Thorens seine geradezu gewalttätige Architektur, deren ursprüngliche Betonfratzen mit hölzernen Fassaden und nachträglich angesetzten Holzbalkonen leidlich aufgehübscht wurden. Hinzugekommen ist die Vermarktung des Erlebnisguts Schnee in jeder Spielart, vom dröhnenden Skidoo-Parcours über die Eis-Gokart-Strecke und die Eisrennstrecke für Sportwagen bis zu Ziplines quer über die Pisten – Val Thorens ist ein Rummelplatz auf 2.300 Metern und ein Symbol für die hässlichen Seiten des Wintersport-Business.

Aber nur zwei Liftfahrten von der Hölle des Kommerzes entfernt liegt das Paradies, der Gipfel der 3.200 Meter hohen Cime de Caron. Das Panorama umfasst die gesamten französischen Alpen: den Montblanc, die Gipfel der Vanoise, La Meije, die Barre des Écrins und am südlichen Horizont die Seealpen. Eine großartige Ouvertüre für eine der ikonischsten Abfahrten der Alpen. Die Buckel der Combe de Caron pflastern 600 Höhenmeter in der Nordflanke der Cime, Gnade wird den Oberschenkeln erst kurz vor der Talstation der Téléphérique Cime de Caron gewährt. Die Bahn, erbaut 1982, war eine der besten Ideen, die Schnebelen je hatte.

Skigebiet 1.100–3.230 Meter, 134 Lifte (Komfort: 6,68/10), 550 Kilometer Abfahrten (Komfort: 4,43/10), 54 Prozent beschneit | Abfahrtstyp Piste schwer (nicht beschneit) | Schneebericht www.les3vallees.com | Skisaison Mitte Nov.–Anfang Mai | Anreise ab Basel 406 Kilometer via Genf und Annecy, vom Flughafen Genf 155 Kilometer, vom Bahnhof Moûtiers 35 Kilometer | Tipp In den Trois Vallées führt nur der Sessellift Bouchet in Orelle noch höher hinauf als die Seilbahn zur Cime de Caron. Von dort gibt es eine spektakuläre Möglichkeit zur Rückkehr nach Val Thorens: die Tyrolienne. Diese 1.300 Meter lange Zipline verläuft in bis zu 250 Metern Höhe über dem Glacier du Bouchet. Mit bis zu 105 Stundenkilometern geht es in knapp zwei Minuten hinüber zum 3.000 Meter hohen Col du Bouchet.

15 Die Piste L'Escargot
Prädestiniert für Schneckentempo

Grüne Piste – da denkt man im deutschen Sprachraum spontan an eine Abfahrt ohne Schnee. In Frankreich und einigen anderen europäischen Ländern wie Norwegen oder Spanien bezeichnet die Farbe Grün jedoch eine Piste, die noch leichter als eine blaue Abfahrt ist. Sehr leicht ist eine Abfahrt, wenn sie eine so geringe Neigung hat, dass es fast unmöglich ist, darauf viel Geschwindigkeit aufzunehmen. Das ist der Fall bei L'Escargot (der Schnecke) im Skigebiet Val Cenis. Seinen Namen hat das Areal von der Passstraße über den Col du Mont Cenis, den Heinrich IV. im Januar 1077 für seinen Gang nach Canossa nutzte.

Die Straße über den Pass ließ Napoleon bauen, und genau der folgt L'Escargot – mit einer durchschnittlichen Neigung von 6,8 Prozent. Bei Gegenwind oder langsamem Schnee bedeutet das viel Stockeinsatz. Während die Fahrt zum Start mit der Sesselbahn Ramasse nur 8 Minuten dauert, kann man für die 9,2 Kilometer lange Abfahrt, die in zahlreichen Serpentinen den breiten, bewaldeten Berghang hinabführt, bis zu 45 Minuten einplanen. Die wird man eher als die entspannteste, denn als die spannendste Dreiviertelstunde seines Skifahrerlebens in Erinnerung behalten und der eigenen Pistenbiografie dabei en passant einen Rekordhalter hinzugefügt haben, denn L'Escargot ist wohl die längste sehr leichte Abfahrt der Welt.

In Nordamerika gibt es zwar auch grüne Pisten, und eine davon, die »Last Spike« im kanadischen Revelstoke, ist mit über 14 Kilometern deutlich länger als L'Escargot. Aber grün werden jenseits des Atlantiks leichte Pisten (die »Last Spike« hat immerhin 12 Prozent Neigung) markiert, blaue sind bereits mittelschwer, nur die Farbe Schwarz bezeichnet den gleichen Schwierigkeitsgrad wie hierzulande. Ausgedacht hat sich das Farbschema übrigens Walt Disney anno 1964 für ein geplantes, aber nie realisiertes Skigebiet in Kalifornien – aber das ist eine andere Geschichte …

Skigebiet 1.300–2.737 Meter, 29 Lifte (Komfort: 5,88/10), 100 Kilometer Abfahrten (Komfort: 4,03/10), 50 Prozent beschneit | Abfahrtstyp Piste sehr leicht (teilweise beschneit) | Schneebericht www.valcenis.com | Skisaison Mitte Dez.–Mitte April | Anreise ab Basel 456 Kilometer via Genf und Chambéry, vom Flughafen Turin 137 Kilometer via Tunnel du Fréjus, vom TGV-Bahnhof Modane 19 Kilometer | Tipp Gut neun Kilometer grüne Abfahrt sind zu langweilig? Die Skischule von Val Cenis bietet ein alternatives Programm auf der Piste L'Escargot: eine Auffahrt per E-Fatbike – das ist ein Mountainbike mit elektrischer Unterstützung und überdimensionierten Reifen, die den für Schnee erforderlichen Grip bieten.

FRANKREICH, ALPEN, ALPE D'HUEZ, GRANDES ROUSSES

16 Der Pic Blanc
Vier Abfahrten für einen Achttausender

Am Anfang muss hier gleich mal ein Mythos abgeräumt werden: Die Piste de Sarenne ist nicht die längste Europas. Von ihrem Startpunkt, dem 3.330 Meter hohen Pic Blanc, kann man diese lediglich sehen, drüben in Les Deux Alpes. Vielleicht ist das der Grund, weshalb es dort heißt, das schönste an Alpe d'Huez sei, dass man Les Deux Alpes sehen könne. Trotzdem ist der Pic Blanc einzigartig: Auf keinem anderen Skiberg der Welt starten fünf unterschiedliche Pisten über rund 2.000 Höhenmeter. Deren längste ist nicht die Sarenne, sondern die Abfahrt nach La Vilette.

Sie folgt einem gänzlich anderen Verlauf als die südseitige Sarenne. Kurz unterhalb des Gipfels verschwindet sie in einem Tunnel. An dessen Westportal wartet mit der Piste du Tunnel die Schlüsselstelle, ein Hang, der durch das Abschmelzen des Gletschers noch mal an Steilheit zugenommen hat und nunmehr eine Menge Schnee braucht, um überhaupt befahrbar zu sein. Vorbei an der Seilbahnstation Lac Blanc, wo die Piste nach Norden einschwenkt, gelangt man auf die Westseite des bei Freeridern beliebten Dôme des Rousses und zur Pistendrehscheibe Alpette, wo sich die Wege von drei der »Big Five« trennen. Links geht's hinab nach Oz en Oisans (Pistenende nach 10,4 Kilometern und 2.000 Höhenmetern), etwas später zweigt die schwarze La Fare hinunter nach L'Enversin ab (10,4 Kilometer, 2.210 Meter) und weiter geradeaus geht's via Montfrais nach La Vilette (11,3 Kilometer, 2.040 Meter). Die 8.000 Höhenmeter macht man voll, wenn man am Lac Blanc die südwestliche Richtung einschlägt und vorbei an der auf einem sonnigen Hochplateau gelegenen Station Alpe d'Huez bis hinunter ins Dorf Huez fährt.

Am Ziel hat man weitere 11,2 Kilometer und 1.850 Höhenmeter auf der Uhr. Mit der 10,5 Kilometer langen Sarenne sind es insgesamt sogar 9.922 vertikale Meter. Kann man das an einem Tag schaffen? Ja, dank schneller Lifte und bestens präparierter Pisten.

Skigebiet 1.120–3.330 Meter, 62 Lifte (Komfort: 5,96/10), 180 Kilometer Abfahrten (Komfort: 4,33/10), 35 Prozent beschneit | Abfahrtstyp Piste schwer (beschneit) | Schneebericht www.skipass.alpedhuez.com | Skisaison Anfang Dez.–Ende April | Anreise vom Flughafen Lyon 152 Kilometer, vom TGV-Bahnhof Grenoble 64 Kilometer | Tipp Von außen wirkt Notre-Dame des Neiges, eine Kirche aus grauem Beton, die anlässlich der Olympischen Winterspiele 1968 in Grenoble errichtet wurde, nicht gerade einladend. Innen beeindrucken dann aber das geschwungene Dach, das durch 13 Fenster einfallende Licht und die außergewöhnliche Orgel. Die Kirche ist jeden Tag geöffnet, donnerstags finden Orgelkonzerte statt.

17 Lauze-Mont de Lans
Die längste Piste der Welt

Dies ist ein Buch über Skipisten, die man gefahren sein muss. Der allerlängsten auf unserem Planeten kommt da natürlich besondere Bedeutung zu. Daher habe ich wirklich alle potenziellen Kandidaten vermessen. Das Ergebnis ist: die längste ununterbrochene (also ohne Zwischenanstiege per Lift, ohne Straßenquerungen zu Fuß) Skipiste (das heißt, sie ist gewalzt, markiert, vor alpinen Gefahren gesichert und bei Betriebsschluss durch den Pistendienst kontrolliert) der Welt startet in 3.523 Metern Höhe am Dôme de la Lauze auf dem Glacier de la Girose im Skigebiet von Les Deux Alpes. Ein Ort, der auch ohne diesen Superlativ (und den als höchstes Skigebiet Frankreichs) einen Besuch wert ist, wegen der grandiosen Aussicht über das Massif des Écrins, in dem sich die Westalpen in unübertroffener Wildheit letztmals über 4.000 Meter aufschwingen.

Wer hier beginnend die möglichen Längenmeter voll ausfährt, hat 2.243 Höhenmeter weiter unten am Schlusspunkt der Piste im kleinen Weiler Mont de Lans 17 Kilometer Strecke gemacht. Und das geht so: Man schwingt sich über den Gletscher bis zur Bergstation der von Les Deux Alpes kommenden Gondelbahn, biegt dort auf die Glacier 1 ein und fährt über Jandri 3 und 2 bis zur Talstation der Sesselbahn Crêtes, dort zweigt man auf die grün markierte Demoiselles ab und nimmt kurz vor der Station den Skiweg Accès Vallée Blanche, über den man zur roten Piste Monte de Lans gelangt, die schließlich im gleichnamigen Dorf endet.

Fährt man die direkteste Linie, indem man die leichten Umfahrungen im oberen Bereich weglässt und ab Crêtes der schwarzen Valentin folgt, dann kommen immer noch 13,3 Kilometer zusammen, für die man auch bei zügiger Fahrt und ohne anzuhalten 20 Minuten braucht. Aber Achtung: Der Skilift Lauze ist im Winter nicht immer in Betrieb. Ohne ihn fehlen die ersten 1,2 Kilometer und zudem 118 Höhenmeter – den Rang als weltweit längste behält die Piste trotzdem.

Skigebiet 1.280–3.523 Meter, 47 Lifte (Komfort: 6,1/10), 120 Kilometer Abfahrten (Komfort: 4,42/10), 15 Prozent beschneit | Abfahrtstyp Piste leicht, letzter Abschnitt mittelschwer (oben Gletscher, unten beschneit) | Schneebericht www.les2alpes.com | Skisaison Ende Nov.–1. Mai, im Sommer und Herbst nur Gletscherpisten geöffnet | Anreise vom Flughafen Lyon 156 Kilometer, vom TGV-Bahnhof Grenoble 68 Kilometer | Tipp Das Chalet de la Fée war eine einfache Berghütte, bis 1996 eine Sesselbahn die Verbindung ins Skigebiet Les Deux Alpes herstellte. Seither serviert man hier auch im Winter typische französische Gerichte. Man sollte das Essen unbedingt mit dem Café Gourmand abschließen, bei dem Dessertvariationen zum Kaffee gereicht werden. Am Génépy von Wirtin Isabelle Hugues führt auch kein Weg vorbei (Reservierung empfehlenswert).

18 Die Vallons de Chancel
Der Berg der unbeugsamen Gallier

Skigebiete dürfen in Frankreich nur markierte, gesicherte und kontrollierte Abfahrten anbieten. In ganz Frankreich? Nein! Ein kleines, von unbeugsamen Verfechtern des freien Skifahrens bewohntes Dorf im Département des Hautes-Alpes hört nicht auf, der regulierten Variante des Sports Widerstand zu leisten: La Grave. Das freie Betretungsrecht der Natur ist der Zaubertrank, mit dessen Hilfe sich La Grave seine Nische erkämpft hat. Da in den Karen der Vallons de la Meije, der Vallons de Chancel und in all den haarsträubenden Couloirs jenseits der Baumgrenze und den extremen Steilrinnen durch lichte Wälder, die La Grave in der Freeride-Szene absoluten Kultstatus eingebracht haben, keine einzige Piste präpariert wird, keine Schneekanone steht, keine Markierungstafel informiert und kein Sicherheitsnetz gespannt ist, gelten diese schlicht nicht als Skigebiet – und die Regeln für solche in der unabhängigen Republik La Grave eben auch nicht.

Zwar ist man, sobald man die Bergstation am Col des Ruillans verlässt, in La Grave ganz und gar in eigener Verantwortung unterwegs, doch das Terrain ist nicht zwangsläufig so extrem wie der Ruf, der ihm vorauseilt. Vor allem, wenn man zunächst über den sanft geneigten Gletscher schwingt, um dann über den Col du Lac in die Vallons de Chancel einzubiegen, eine reich gegliederte Schneeschale mit einem steten Wechsel von flacheren Passagen und kurzen Steilhängen. Hier löst sich die einschüchternde Wirkung von Mythos und kalter, abweisender Hochgebirgsszenerie aus Granitnadeln und Hängegletschern schnell auf und weicht dem unbekümmerten, rauschhaften Spiel mit den Elementen des Geländes. Aber Achtung: La Grave birgt Suchtgefahr – wer einmal diese Freiheit gespürt hat, dieses Gefühl, einen Berg für sich zu haben, der findet nur schwer zurück auf die eingefahrenen Bahnen des normalen Skibetriebs. Das Dorf ist voll von Skifahrern, die für eine Woche kamen und ein Leben lang blieben.

Skigebiet 1.430–3.532 Meter, 3 Lifte (Komfort: 7,9/10), 2 Kilometer Abfahrten auf dem Gletscher oberhalb von 3.200 Metern, ansonsten freies Gelände | **Abfahrtstyp** Tourenabfahrt, offiziell nicht vor Lawinen gesichert, bei Lawinengefahr Seilbahn nicht in Betrieb, Sicherheitsausrüstung obligatorisch, Guide empfohlen; geführtes Skifahren in Kleingruppen über das Bergführerbüro buchbar (www.guidelagrave.com) | **Schneebericht** www.la-grave.com | **Skisaison** Mitte Dez.–1. Mai | **Anreise** vom Flughafen Lyon 166 Kilometer, vom TGV-Bahnhof Grenoble 78 Kilometer | **Tipp** Zehn Fahrminuten oberhalb von La Grave liegt das kleine Skigebiet von Chazelet (www.chazelet.com). Es bietet gewalzte, familienfreundliche Pisten, spottbillige Liftkarten und einen großartigen Blick auf die gegenüberliegenden Bergriesen La Meije (3.983 Meter) und Le Rateau (3.809 Meter). Familien mit ungleich verteiltem Fahrkönnen müssen also keinen Bogen um La Grave machen.

FRANKREICH, ALPEN, LE MONÊTIER-LES-BAINS, SERRE CHEVALIER

19 Die Tabuc

Schwarzer Traum unter dem Radar

Die 40 größten Skigebiete weltweit verteilen sich auf insgesamt zehn Länder, aber ein Drittel der Mega-Areale entfallen allein auf Frankreich. In den Top Ten hat Frankreich vier Platzierungen. Die Grande Nation ist das Land der großen Skigebiete, nicht zuletzt weil die Entwicklung der Skistationen durch die Zentralregierung in Paris generalstabsmäßig als Maßnahme zur Eindämmung der Landflucht geplant wurde. Viele dieser Gebiete sind im deutschsprachigen Raum kaum bekannt, vor allem die weiter südlich gelegenen.

Dazu zählt auch Serre Chevalier, das sich hinter dem Col du Lautaret versteckt und schon zur Region Provence-Alpes-Côte d'Azur gehört, was definitiv nach Süden klingt. Piloten nennen die Gegend »das blaue Loch«, weil Wolken hier so selten sind. Historisch bestehen engere Bindungen an Italien, weil der Pass hinüber ins Piemont leichter zu überqueren war als der nach Frankreich, und so sprechen die alten Leute denselben Dialekt wie die jenseits der Staatsgrenze.

Serre Chevaliers Skigebiet erstreckt sich zwischen der Festungsstadt Briançon und dem Thermalbadeort Monêtier-les-Bains – wegen seiner schattigen Lage auch »der Kühlschrank« genannt – über eine Distanz von fast 14 Kilometern. Ganz im Westen dieses Giganten, in Tuchfühlung mit der Barre des Écrins, dem südlichsten Viertausender der Alpen, versteckt sich ein Highlight des Pisteninventars: die Tabuc. Sie startet ganz unscheinbar als Skiweg in 2.176 Metern Höhe an der Bergstation der von Monêtier hinaufführenden Sesselbahn Bachas, auf der es mangels Hauben ganz schön kalt werden kann. Den ersten Kilometer geht es noch gemütlich durch lichten Wald, dann wird der Wald dichter und die Tabuc schwenkt nach links in ein 350 Meter kurzes, aber zu 50 Prozent geneigtes Steilstück. Wen das an einem kalten Wintertag nicht aufwärmt, der kann vom Schlussstück der Tabuc einfach Richtung Therme abbiegen.

Skigebiet 1.200 – 2.780 Meter, 55 Lifte (Komfort: 5,76/10), 162 Kilometer Abfahrten (Komfort: 4,39/10), 30 Prozent beschneit | **Abfahrtstyp** Piste schwer (teils beschneit) | **Schneebericht** www.serrechevalier-pass.com | **Skisaison** Anfang Dez.–Mitte April | **Anreise** vom Grenzübergang Basel 494 Kilometer via Genf, Chambéry, Tunnel du Fréjus und Col du Montgenèvre, vom Flughafen Turin 118 Kilometer, Bahnhof in Briançon (tägliche Nachtzugverbindung von Paris) | **Tipp** In Monêtier-les-Bains brodeln 44 Grad heiße Mineralquellen, die schon die Römer nutzten. Unweit der Talstation der Sesselbahn stehen heute die Grands Bains du Monêtier mit diversen Innen- und Außenbecken sowie großzügiger Saunalandschaft. Wer es rustikaler mag, wird wohl im Wald die von den Thermalquellen gespeisten Gumpen des Flüsschens Guisane bevorzugen.

20 Die Piste de Chabrières
Im Rausch der Geschwindigkeit

Seit Menschengedenken wetteifern Skifahrer darum, wer der Schnellste auf Schnee ist. Der erste bekannte Geschwindigkeitsrekord stammt aus dem Jahr 1898, als der Amerikaner Tommy Todd eine Geschwindigkeit von 140 Stundenkilometern erreichte. Erst 1955 wurde die Marke von 100 Meilen pro Stunde (161 Stundenkilometern) mit 175 Stundenkilometern vom Amerikaner Ralph Miller in Portillo, Chile, überboten. Mehr als zwei Jahrzehnte später war es wieder ein Amerikaner, Steve McKinney, der 1978 am selben Ort als Erster die 200-Stundenkilometer-Marke durchbrach. Seitdem sind mehr Menschen ins Weltall geflogen als Skifahrer diesem illustren Club beigetreten.

Heute gilt die Piste am Pic de Chabrières oberhalb der Skistation von Vars als die beste Hochgeschwindigkeitspiste der Welt. Sie verfügt über mehr als 500 Meter Strecke zum Aufbau von Geschwindigkeit, dreimal mehr als die meisten anderen existierenden Speed-Skipisten. Am Start beträgt das Gefälle 98 Prozent, in weniger als sechs Sekunden beschleunigen die Fahrer auf 200 Stundenkilometer – eine echte Abschussrampe! Die Wettkampfstrecke misst 670 Meter, die folgenden 450 Meter dienen zum Abbremsen.

Je nach Wettkampfklasse gibt es verschiedene Startpunkte. Die Rennfahrer rutschen vom Gipfelgrat des Pic de Chabrières an einem Sicherungsseil hinunter zum oberen Ende der Strecke. Nur etwa ein Dutzend Top-Athleten starten vom obersten Punkt, von dem aus bei perfekten Bedingungen Weltrekorde winken. Neben idealen Bedingungen braucht es dafür vor allem mentale Stärke. Den letzten Rekord stellte am 22. März 2023 Simon Billy aus – wie könnte es anders sein – Vars auf. Als erster Speed-Skier durchbrach er die Marke von 255 Stundenkilometern. Das ist schneller als ein Fallschirmspringer im freien Fall und war die höchste Geschwindigkeit, die jemals ein Mensch ohne mechanische Hilfe erreicht hat – Chapeau!

Skigebiet 1.650–2.731 Meter, 33 Lifte (Komfort: 5,48/10), 140 Kilometer Abfahrten (Komfort: 5,25/10), 70 Prozent beschneit | **Abfahrtstyp** Piste schwer (nicht beschneit) | **Schneebericht** www.vars.com | **Skisaison** Mitte Dez.–Mitte April | **Anreise** ab Basel 542 Kilometer via Genf, Tunnel du Fréjus, vom Flughafen Turin 170 Kilometer, keine Bahnanbindung | **Tipp** Wer Lust hat, den Rausch der Geschwindigkeit selbst zu erleben, kann bei der örtlichen Skischule einen Speed-Skiing-Kurs buchen. Normalskifahrer erreichen dabei regelmäßig Geschwindigkeiten von über 140 Stundenkilometern.

21 Die Sistron
Meer sehen

Morgens Skifahren und nachmittags zum Baden an den Strand – das Versprechen dieser Traumkombination kann in den Alpen am ehesten Isola 2000 einlösen. Als höchstgelegenes Skigebiet der Südalpen ist Isola 2000 (die Zahl steht für die Höhenlage, in der die Wohnblöcke für die Gäste errichtet wurden) für seine guten Schneeverhältnisse bis in die späte Saison hinein bekannt. Es hat sogar schon mehrmals den begehrten Titel »schneereichstes Skigebiet Frankreichs« gewonnen.

Das Skigebiet liegt nur etwas mehr als 50 Kilometer Luftlinie von der Küste entfernt und profitiert nicht nur bei den Bademöglichkeiten von der Nähe zum Meer: Die über das Wasser heranwehende Luft saugt sich mit Feuchtigkeit voll, kühlt beim Aufstieg in die Seealpen ab und kann die Feuchtigkeit nicht mehr halten. Das sorgt in guten Wintern für häufige und ergiebige Schneefälle. Mehr als 400 Schneekanonen bieten ein wenig Sicherheit, wenn Mutter Natur nicht mitspielt.

Sehen kann man das Mittelmeer von der 2.603 Meter hohen Cime de Sistron, der 360-Grad-Blick schließt auch weite Teile der südfranzösischen und italienischen Alpen ein. Der Gipfel ist außerdem Startpunkt einer großartigen Abfahrt, der Sistron, die zunächst rot markiert ist und ab der Talstation des gleichnamigen Sessellifts dann wahlweise schwer, mittelschwer oder leicht weitergeht. In jedem Fall endet sie erst nach rund vier Kilometern und knapp 800 Höhenmetern am tiefsten Punkt des Skigebiets. Hier stellt sich dann die Frage: in 90 Minuten zur Plage Landsberg an der Côte d'Azur fahren und ein Bad im türkisblauen Wasser nehmen oder noch weitere Abfahrten im größten Skigebiet der Südalpen dranhängen?

Ende April betragen die Wassertemperaturen in Nizza 16 bis 17 Grad – vielleicht sollte man doch zunächst den erstklassigen Snowpark oder das anspruchsvolle Freeride-Terrain ansteuern und es bei einem Sundowner im Beachclub belassen.

Skigebiet 1.827–2.603 Meter, 20 Lifte (Komfort: 5,57/10), 56 Kilometer Abfahrten (Komfort: 5,17/10), 62 Prozent beschneit | Abfahrtstyp Piste mittelschwer (nicht beschneit) | Schneebericht www.isola2000.com | Skisaison Anfang Dez.–Ende April | Anreise ab Basel 761 Kilometer via Gotthard, Genua und Nizza, vom Flughafen Nizza 88 Kilometer, Bahnhof in Nizza, von dort Bus 750 | Tipp Isola 2000 ist eines der wenigen Skigebiete mit einem eigenen Circuit de Glace – einem Parcours zum Üben des Autofahrens auf Eis und Schnee. Man kann entweder den Parcours mieten und ihn mit dem eigenen Auto befahren (Winterbereifung und Versicherung vorausgesetzt) oder man bucht einen 30-minütigen Anfängerkurs mit professioneller Unterweisung, bevor man für drei Runden selbst das Steuer übernimmt.

22 Der Monte Renoso
Ski fahren in Napoleons Heimat

Auf Korsika trifft im März das Weiß des Winters auf das Grün des Frühlings, umrahmt von der blauen Hülle des Mittelmeers. Eine besonders schöne Zeit für die korsische Haute-Route, eine elftägige Skitour, auf der man einen Großteil der Insel entlang des in Nord-Süd-Richtung verlaufenden, am Monte Cinto bis zu 2.710 Meter hohen Gebirges durchquert.

Einer der schönsten Abschnitte dieser Tour beginnt im kleinen Skizentrum Ghisoni. Es bietet das umfangreichste Pistennetz der drei verbliebenen Skigebiete der Insel, aber Ghisonis Highlight ist definitiv das Tourengehen in wunderschöner Landschaft mit dem Meer als Kulisse. Die Tour zum 2.352 Meter hohen Monte Renoso ist vom Parkplatz des Skigebiets ein leichter Aufstieg über 672 Höhenmeter.

Den Rucksack sollte man passend zum Ort des Geschehens zusätzlich zur obligatorischen Tourenausrüstung mit einem frischen französischen Baguette, etwas Camembert, einem Stück Ziegenkäse, den typischen lokalen Wurstwaren und einer Flasche Nielluccio-Wein füllen – dem klassischen korsischen Picknick eben. Vom Picknickplatz unterhalb des Gipfels liegt einem das Meer zu beiden Seiten der Insel zu Füßen.

Die Abfahrt beginnt mit einem kurzen Couloir, das sich bald zu einem breiteren Hang öffnet. Er ist nach Südosten ausgerichtet, trotzdem hält sich der Firnschnee hier recht lang. Etwas weiter unten quert man in einen Südwesthang, der auch am frühen Nachmittag noch gute Bedingungen bietet und zurück ins Skigebiet weist, dessen Lifte und Pisten bis 17 Uhr geöffnet sind.

Von Ghisoni aus erreicht man nach zwei- bis zweieinhalbstündiger Fahrt viele der malerischen Küstenstädte: Ajaccio, den Geburtsort Napoleons, Porto-Vecchio oder Bonifacio. Letztere thront schon seit 1.000 Jahren auf einer Klippe über dem Meer. Ein kurzes Bad im zwölf Grad kühlen Wasser wäscht den Tourenschweiß ab und macht zusätzlichen Appetit auf das köstliche Essen in einem der Altstadtrestaurants.

Skigebiet 1.580–1.870 Meter, 3 Lifte (Komfort: 3,15/10), 3 Kilometer Abfahrten, 0 Prozent beschneit | Abfahrtstyp Tourenabfahrt (nicht beschneit) | Schneebericht www.ghisoni.corsica/station-ghisoni-capanelle | Skisaison Mitte Dez.–Ende März | Anreise vom Fährhafen in Bastia 128 Kilometer via Aléria | Tipp Korsika ist für seine Wurstwaren bekannt. Schweine laufen auf der Insel frei herum, man sieht sie überall am Straßenrand. Sie suchen sich selbst ihr Futter, größtenteils ernähren sie sich von den im Überfluss vorhandenen Kastanien. Die Korsen sind davon überzeugt, dass diese spezielle Diät die Würste so besonders schmackhaft macht.

FRANKREICH, PYRENÄEN, SAINT-LARY, SAINT-LARY-SOULAN

23 Die Balcon de l'Oule
Die Weitsicht des Monsieur Mir

Bei der Ende des 19. Jahrhunderts in den französischen Bergtälern einsetzenden Landflucht bildete das Dorf Saint-Lary keine Ausnahme. Als sich nach dem Zweiten Weltkrieg dank des Marschallplans die Chance bot, dem entgegenzuwirken, griff der damalige Bürgermeister Vincent Mir zu und ließ rund um den Ort Stauseen und Wasserkraftwerke errichten. Die vielen Arbeiter, die man dafür brauchte, wohnten in Saint-Lary. Als die Bauarbeiten beendet waren, sann Mir nach neuen Beschäftigungsmöglichkeiten. Das Potenzial dazu erkannte er auf den schneereichen Bergflanken weit oberhalb des Dorfes: Sie waren perfekt für die Schaffung eines Skigebiets geeignet. Bereits 1957 eröffnete die Seilbahn zum Pic Lumière. Das Areal wurde schrittweise in Richtung Westen ausgebaut, bis zu einem der Stauseen, dem Lac de l'Oule.

Nach ihm ist die schönste Abfahrt des weitläufigen Skigebiets benannt. Sie führt von der Bergstation des Skilifts Corneblanque über 600 Höhenmeter in lang gezogenen Kurven, herrlichen Wellen und Geländeübergängen bis an das Ufer des Sees, in den man unterwegs fast hineinzustürzen scheint. Trotz schwarzer Markierung ist sie dank perfekter Präparierung auch für mittelgute Skifahrer zu bewältigen. Weil am Ende der Piste jedoch eine 300 Meter lange Schiebestrecke wartet, lassen die meisten Besucher des Skigebiets sie sprichwörtlich links liegen. Dabei lockt als Belohnung für den Stockeinsatz das Refuge de l'Oule mit herrlicher Sonnenterrasse, Blick in den Pyrenäen-Nationalpark und deftigen Spezialitäten wie Manchons de Canard oder Porc Noir de Bigorre.

Der See bildet nicht nur eine pittoreske Kulisse für Piste und Hütte, er liefert auch das Wasser für die Beschneiung der Pisten und klimaneutralen Strom fürs Schneemachen, den Betrieb der Liftanlagen und für ganz Saint-Lary-Soulan nebst seinen Skistationen Pla d'Adet und La Cabane gleich mit dazu. Alles richtig gemacht, Monsieur Mir!

Skigebiet 1.597–2.438 Meter, 24 Lifte (Komfort: 5,75 /10), 84 Kilometer Abfahrten (Komfort: 4,47/10), 60 Prozent beschneit | Abfahrtstyp schwere Piste (beschneit) | Schneebericht www.altiservice.com/saint-lary | Skisaison Anfang Dez.–Anfang April | Anreise ab Mulhouse 997 Kilometer via Clermont-Ferrand und Toulouse, vom dortigen Flughafen 158 Kilometer, vom TGV-Bahnhof Tarbes 74 Kilometer, vom Bahnhof Lanmenzan 39 Kilometer | Tipp Bei der Errichtung der Kraftwerke stieß man in Saint-Lary auf Thermalwasser. Das nutzte man konsequenterweise für die Entwicklung des Dorfes zum Urlaubsort. Im gleich gegenüber der Station der Gondelbahn gelegenen Thermalbad Sensoria, dessen Wasser- und Saunawelt einer unterirdischen Grotte nachempfunden ist, kann man das 32 Grad warme Wasser auf vielerlei Art genießen (www.mercuresensoria.fr).

24 Der Pic du Midi
Himmlisches Terrain auf dem Berg der Sternegucker

Die massige Pyramide des Pic du Midi de Bigorre steht als Solitär etwas nördlich des Hauptkamms der Pyrenäen. Das macht den 2.877 Meter hohen Gipfel zu einem grandiosen Aussichtsberg. Dabei reicht der Blick weit über die höchsten Spitzen des Gebirges und das Hügelland zu seinen Füßen hinaus. Seit 1878 steht hier ein Observatorium. Die Sternwarte verfügt über das größte Teleskop Frankreichs. Seit 1952 können die Wissenschaftler den Berg von der Skistation La Mongie aus per Seilbahn erreichen. Touristen befördert sie erst seit dem Jahr 2000. Skifahren war anfangs nur mit Guide gestattet, zum Winter 2006/07 entfiel diese Auflage, und der Pic du Midi wurde zu einem der außergewöhnlichsten Skiberge Frankreichs.

Abgesehen von der Forschungsstation und der Seilbahn ist es ein Skigebiet ohne jede Infrastruktur: keine Pisten, keine Markierungen, keine Beschneiung, kein Lawinenschutz. Ein Berg ohne Zusatzstoffe und damit voll im Zeitgeist. Einfach zu konsumieren ist er nicht. Die breite Südflanke stürzt mit 40 Grad Neigung in den kreisrunden Karsee Lac d'Oncet. Erst ab dem Col de Sencours (2.378 Meter) wird das Terrain sanfter.

Dort hat man die Wahl zwischen der Variante hinunter ins Skigebiet Grand Tourmalet, wo man mittels der Sesselbahn Tourmalet zurück nach La Mongie kommt, oder der Route durch die Coume du Pic, die ebenso wie die Variante durch die 1.000 Meter tiefe, noch steilere und von Schründen und Couloirs durchzogene Nordflanke weit unterhalb des Skigebiets in Artigues (1.275 Meter) endet. Dort bringt einen ein kostenloser Shuttlebus zurück zur Talstation der Seilbahn in La Mongie.

Deren erste Sektion auf dem Weg zum Pic fährt auf den Taoulet (2.305 Meter). Die drei Routen, die hier oben starten, führen über weite, überwiegend mittelschwere Hänge ohne Hindernisse ebenfalls nach Artigues oder direkt nach La Mongie, bei guten Schneeverhältnissen allesamt ein Traum.

Skigebiet 1.255–2.856 Meter, 29 Lifte (Komfort: 5,24/10), 69 Kilometer Abfahrten (Komfort: 4,26/10), 95 Prozent beschneit | **Abfahrtstyp** Tourenabfahrt (nicht beschneit), nur mit Guide oder alpiner Erfahrung und entsprechender Sicherheitsausrüstung empfehlenswert | **Schneebericht** www.n-py.com/fr/grand-tourmalet; www.picdumidi.com | **Skisaison** Anfang Dez.–Anfang April | **Anreise** ab Mulhouse 1.018 Kilometer via Clermont-Ferrand und Toulouse, vom dortigen Flughafen 180 Kilometer, vom TGV-Bahnhof Tarbes 47 Kilometer | **Tipp** Der Verein »À Ciel Ouvert« bietet abendliche Sonderfahrten zum wissenschaftlich begleiteten Beobachten des Sonnenuntergangs und des nächtlichen Sternenhimmels, inklusive Abendessen im Gipfelrestaurant. Dabei kann man auch einen Blick durch die Teleskope werfen, die Galaxien, Sternhaufen und fremde Planeten zum Greifen nah erscheinen lassen. Um Mitternacht geht es dann per Seilbahn wieder hinunter nach La Mongie (Reservierungen unter Tel. +33/(0)562/567000).

25 — Das Cântaro Magro Couloir

Ganz im Westen ganz allein

Das einzige Skigebiet Portugals findet sich in der Serra da Estrela und liegt 21 Kilometer nordwestlich der Stadt Covilhā. Die überaus malerische Gegend ist mit einer wunderschönen Berglandschaft und einer Reihe von hübschen Dörfern gesegnet. Die Pisten reichen bis auf Portugals höchsten Berg, den 1.997 Meter hohen Torre und haben maximal 146 Höhenmeter. Nicht unbedingt ein Grund, einen geplanten Skitrip nach St. Anton oder Chamonix zu stornieren und nach Portugal zu fliegen.

Für diejenigen, die sich dennoch für einen Besuch auf dem Dach Portugals entscheiden, gibt es tatsächlich die Möglichkeit einer kurzen, aber abenteuerlichen Abfahrt unweit des Skigebiets. Etwa zwei Kilometer östlich des Resorts führt die Straße (N339) über eine Schlucht, die steil zu einem großen Granitbrocken namens Cântaro Magro abfällt – eine beliebte Kletterstelle. Von der Südwestseite der Straße kann man in die eiszeitliche Karrinne gelangen, unter der Brücke hindurchfahren und weiter zum Fuß des Cântaro Magro hinabschwingen.

Voraussetzung für die Befahrbarkeit der Rinne ist natürlich ausreichend Schnee. Während Schneekanonen das Skifahren auf den nahen Pisten auch in einem schlechten Winter möglich machen, ist das Cântaro Magro Couloir auf Schnee von Mutter Natur angewiesen – und der ist hier alles andere als verlässlich. Bleiben im Notfall die Abfahrten im organisierten Skiraum, von denen eine sogar schwarz markiert ist, die einem fortgeschrittenen Skifahrer diesseits der 80 aber allenfalls ein müdes Lächeln abringen.

Für echte skifahrerische Herausforderung à la português bleibt nur das Couloir mit seinen – je nach Schneelage – bis zu 300 Höhenmetern. Man sollte es nicht unterschätzen! Es ist nicht so einfach, die Schwünge im steilen Abschnitt unter der Straße so zu timen, dass man an den Wänden des Tunnels mit den Skikanten keinen Funkenregen entfacht.

Skigebiet 1.851–1.997 Meter, 3 Lifte (Komfort: 4,92/10), 7 Kilometer Abfahrten (Komfort: 6,03/10), 50 Prozent beschneit | **Abfahrtstyp** Tourenabfahrt | **Schneebericht** www.skiserradaestrela.com | **Skisaison** Dez.–März | **Anreise** ab Mulhouse 1.739 Kilometer via Bilbao, vom Flughafen Porto 203 Kilometer, vom Bahnhof Covilhã 21 Kilometer | **Tipp** Man kann in der Region in wunderschönen alten Landgütern und Herrensitzen logieren, muss dann aber eine längere Anfahrt in Kauf nehmen als vom in 1.550 Metern Höhe gelegenen und sehr geschmackvoll eingerichteten Hotel Serra da Estrella.

26 El Águila
Und am Horizont: Afrika

Die Sierra Nevada ist die Maximaldosis Ski-Exotik, die man ohne Verlassen des Kontinents konsumieren kann. Exotisch ist aber nur die Lage des 1964 gegründeten andalusischen Skiresorts oberhalb der faszinierenden Maurenstadt Granada. Eine moderne Liftflotte, Schnee aus 350 Kanonen und das autofreie Skidorf Pradollano direkt am Fuß der Pisten lassen fast vergessen, dass man sich hier auf 37 Grad nördlicher Breite und damit südlicher als Tunis befindet. Die Fahrkünste der andalusischen Pistenfans sorgen hingegen für Orientierung. Ganz so ernst nimmt man es hier mit dem sportlichen Aspekt des Skifahrens offensichtlich nicht. Stattdessen wird das Nachtleben ausgiebig zelebriert.

Tagsüber scheint meist die Sonne, allein das Winterhalbjahr kommt auf 1.400 Stunden – so viel wie im Ruhrgebiet im ganzen Jahr. Dank der Höhenlage dauert die Saison aber trotzdem bis Mai, wenn an den nur 75 Minuten entfernten Stränden der Costa del Sol schon längst Badetemperaturen herrschen. Von der Bergstation am 3.398 Meter hohen Veleta kann man das Mittelmeer in der Ferne glitzern sehen, bei besonders guter Sicht reicht der Blick bis zu den Bergen des Hohen Atlas und des Rif-Gebirges in Afrika.

Auf dem Veleta hat man die Wahl zwischen rund zwei Dutzend Abfahrtsvarianten. Die Águila führt über die vollen 1.200 Höhenmeter bis hinunter nach Pradollano. Sie folgt über fast fünf Kilometer dem Verlauf der Bergschulter zwischen dem Val de Borreguiles, in dem der Großteil des erschlossenen Skigebiets liegt, und dem gänzlich unberührten, von Freeridern geliebten Val de San Juan. An der Sesselbahn Virgen de las Nieves schwenkt sie für den letzten Kilometer in die steile Talflanke ein, parallel zur Copa del Mundo, dem Zielhang der Abfahrt bei der Alpinen Ski-WM 1995, die wegen Schneemangels um ein Jahr verschoben werden musste. Manchmal scheint die andalusische Sonne in der Sierra Nevada dann doch zu ausgiebig.

Skigebiet 2.100–3.315 Meter, 17 Lifte (Komfort: 6,18/10), 109 Kilometer Abfahrten (Komfort: 5,21/10), 40 Prozent beschneit | *Abfahrtstyp* Piste mittelschwer (teils beschneit) | *Schneebericht* www.sierranevada.es | *Skisaison* Ende Nov.–Anfang Mai | *Anreise* vom Grenzübergang Mulhouse 1.920 Kilometer via Lyon, Barcelona und Valencia, vom Flughafen Granada 55 Kilometer, vom Flughafen Málaga 170 Kilometer, vom Bahnhof Granada 38 Kilometer | *Tipp* Bekannt ist Granada für die gewaltige, über der Stadt thronende maurische Palastanlage der Alhambra – und für die pompösen Osterumzüge. In der Semana Santa, der heiligen Woche, werden reich geschmückte Figuren der örtlichen Heiligen auf schweren Holzthronen durch die engen Gassen der Altstadt getragen, begleitet vom rhythmischen Schlagen der Trommler, gefolgt von mit spitzen Hauben verhüllten *nazarenos* (Büßern) und gesäumt von Tausenden Zuschauern.

27 Der Tubo de la Zapatilla
Im Westen viel Steiles

Kurz bevor sie zum Golf von Biscaya hinabsinken, schwingen sich die Pyrenäen nochmals zu atemberaubender landschaftlicher Großartigkeit auf. Die senkrechten Felstürme rund um den 2.640 Meter hohen Pico del Aspe erinnern an die Dolomiten und die kanadischen Rocky Mountains. Zu ihren Füßen liegt die westlichste Skistation der Provinz Aragón: Candanchú. Und als wollte sie die letzte Gelegenheit zum Beweis nutzen, dass die Pyrenäen zu Unrecht im Schatten der großen Brüder dies- und jenseits des nahen Atlantiks stehen, fährt die bereits 1928 gegründete Station (die erste Sesselbahn folgte 1945) mehr als ein Dutzend schwarzer Abfahrten auf – bei insgesamt gut 40 Pisten ein prägender Anteil.

Legendär ist Candanchú jedoch weniger wegen seiner *pistas negras* oder seiner langen Geschichte, sondern wegen eines Couloirs, das es verdient, in einem Atemzug mit den berühmtesten Steilrinnen der Skigeografie genannt zu werden: dem Tubo de la Zapatilla. Bis vor Kurzem firmierte diese wie ein Aufzugschacht in ein Kalksteinband hineingeschnittene Extremvariante noch als *itinerario*, also als markierte und gesicherte Abfahrt. Doch mittlerweile will man nicht mehr die Verantwortung dafür übernehmen, dass sich jemand wegen einer auf dem Pistenplan eingezeichneten Linie ins Verderben stürzt – was im Tubo de la Zapatilla absolut wörtlich zu nehmen ist, denn wer hier stürzt, braucht Glück, um glimpflich davonzukommen.

Das zweite Gesicht von Candanchú, das sich einen Skipass mit der benachbarten Station Astún teilt und mit dieser durch einen kurzen Shuttletransfer verbunden ist, ist das Candanchulandia, ein riesiges Skischul-Areal mit elf eigenen Liften. Hier lernen jährlich 80.000 Schulkinder aus ganz Spanien bei fünftägigen Kursen das Skifahren, und für nicht wenige von ihnen ist der direkt über den Übungswiesen aufragende Tubo Motivation, die Lektionen der Skilehrer ernst zu nehmen.

Skigebiet 1.564–2.273 Meter, 33 Lifte (Komfort: 5,23 bzw. 4,74/10), 82 Kilometer Abfahrten (Komfort: 5,44/10), 25 Prozent beschneit | Abfahrtstyp Tourenabfahrt (nicht beschneit) | Schneebericht www.astuncandanchu.com | Skisaison Anfang Dez.– Anfang April | Anreise von Mulhouse via Bordeaux 1.133 Kilometer, vom Flughafen Pau 102 Kilometer, vom Bahnhof Canfranc 6 Kilometer | Tipp Im 2.000 Meter hoch gelegenen Auslauf einer nicht mehr genutzten Sprungschanze kann man im Ford Snow Driving Center in Astún das Autofahren auf Schnee üben. Neben sicherheitsrelevanten Aspekten wie dem richtigen Bremsen und Gegenlenken schafft das Zentrum auch einen legalen Rahmen für den Spaß beim Driften.

28 Die Infierno
Per Pistenraupe zum Pulverschnee

Früh aufstehen hilft in Formigal. Das Skigebiet am Col du Portalet ist mit 15,3 Quadratkilometern das zweitgrößte Spaniens und wohl das größte Europas ohne ein einziges Bett direkt an der Piste. Dafür gibt's mehr als 5.000 Parkplätze und entsprechend viele Fahrzeuge auf der Passstraße. Zwei Stunden für die letzten zehn Kilometer sind am Wochenende keine Seltenheit. Also besser vor der Welle surfen und gleich bis zum hintersten, auf 1.750 Metern gelegenen Einstieg ins Skigebiet durchrauschen.

Die Sechsersesselbahn Espelunciecha erschließt von hier aus die nördlichste der vier riesigen, baumfreien Schneeschalen von Formigal. Der Vorteil daran, den Tag hier zu beginnen: Von der Bergstation der Espelunciecha ist man in wenigen Sekunden an der Haltestelle der kostenlosen Pistenraupe, die alle zehn Minuten jeweils 30 Skifahrer bis auf 2.225 Meter hinaufschleppt. Nur früh am Morgen wartet man kaum, die Bahn schaufelt in zehn Minuten nämlich 500 Personen bergwärts …

Nach kurzer Fahrt im Schlepptau des »Ski Ratrack« nehmen die meisten Passagiere oben die mittelschwere Piste Pipos. Bleibt bloß eine Handvoll Tiefschneefahrer für jene 200 Hektar freies Gelände, zu denen man nur per Raupe gelangt. Unter den unzähligen Varianten sticht eine hervor: Infierno. Nach harmlosem Start kippt die mit zwei schwarzen Diamanten markierte Infierno-Piste unvermittelt in eine steile, von Felsen gesäumte Rinne. Diese Schlüsselstelle misst nur 300 Meter, aber sie hat es in sich, bei einem Sturz droht ein Tête-à-Tête mit hartem Gestein.

Lust auf mehr einsame Herausforderungen? Ein Bus sammelt Freerider am Ende von fünf anspruchsvollen Abfahrten auf, die jenseits der Lifte zur Zufahrtsstraße hinabführen. Und wer die extremen Routen zur Straße nach Sarrios nimmt, braucht dort nur den Daumen rauszuhalten, das funktioniert zuverlässig und schnell – Autos sind schließlich genug unterwegs.

Skigebiet 1.501–2.265 Meter, 19 Lifte (inklusive Ski-Ratrack und Skibus, Komfort: 5,68/10), 121 Kilometer Abfahrten (Komfort: 4,74/10), 50 Prozent beschneit | Abfahrtstyp Skipiste sehr schwer (nicht beschneit) | Schneebericht www.formigal-panticosa.com | Skisaison Ende Nov.–Mitte April | Anreise von Mulhouse via Bordeaux 1.124 Kilometer, vom Flughafen Pau 87 Kilometer, vom Bahnhof Sabiñánigo 38 Kilometer | Tipp In einem wunderschönen Talschluss liegt in 1.636 Metern Höhe das Balneario von Panticosa. Die Wasser-, Saunen- und Wellnesslandschaft der exklusiven Termas de Tiberio erstreckt sich über 8.500 Quadratmeter.

29 Die Escornacabres
Initiation in der Rinne der Vieldeutigkeit

Ob das Couloir zwischen den Felsen in der Nordostflanke des 2.500 Meter hohen Pla de Baqueira einst nach einer Pflanze benannt wurde, die »die Ziegen besoffen macht«, oder ob der Name so viel bedeutet wie »sich die Hörner abstoßen«, lässt sich nicht zweifelsfrei klären. Letzteres würde zumindest zur primär männlichen Klientel passen, die hier ihre Mutproben inszeniert. Klar, dass man in diese Rinne erst dann eintauchen darf, wenn man groß ist. Und weil die Ski fahrenden *chicos* und *chicas* alle gern lieber heute als morgen groß wären, fragen sie spätestens ab dem sechsten Geburtstag penetrant, wann sie endlich in die Escornacabres fahren dürfen. Die Vorstellung, zum Kreis derer zu gehören, die diese Steilrinne bezwungen haben, zaubert leuchtende Augen in ihre Gesichter. Skinachwuchs gibt es hier reichlich, denn das Skigebiet von Baqueira-Beret im Val d'Aran ist nicht nur das größte Spaniens, sondern das zweitgrößte Europas außerhalb der Alpen.

Es ist *der* Treffpunkt der spanischen Prominenz samt den Mitgliedern der königlichen Familie, die sich gern per Heli einfliegen lassen. Und weil es im einzigen zu Spanien gehörenden Tal auf der Nordseite der Pyrenäen liegt, fällt hier auch mehr Schnee als in jedem anderen Teil des Landes: im Schnitt 9,6 Meter jährlich. Beste Voraussetzung dafür, das legendäre Couloir pulvergefüllt vorzufinden. Rund 3.000 Meter hohe Berge trennen das Val d'Aran vom spanischen Mutterland.

Da die Schneemassen auf den Pässen die Region jahrhundertelang jeden Winter vom Süden abschnitten und nur die Verbindung zu Frankreich passierbar war, entstand eine einzigartige Kultur. Man spricht Aranés, einen Dialekt des Okzitanischen, und die Küche des Tals kombiniert spanische und französische Elemente. Tapas heißen hier *Montaditos* oder *Pinchos* und stellen eine vortreffliche Art dar, die lange Zeit zwischen Pistenschluss und traditionell spätem Abendessen zu verkürzen.

Skigebiet 1.490–2.613 Meter, 29 Lifte (Komfort: 5,58/10), 166 Kilometer Abfahrten (Komfort: 4,23/10), 70 Prozent beschneit | **Abfahrtstyp** Skiroute schwer (nicht beschneit) | **Schneebericht** www.baqueira.es | **Skisaison** Ende Nov.–Mitte April | **Anreise** von Mulhouse 1.045 Kilometer via Toulouse, vom Flughafen Toulouse 179 Kilometer, vom Bahnhof Bagnères-de-Luchon 48 Kilometer | **Tipp** Die Wallfahrtskirche von Montgarri ist vom Skigebiet aus zwar nur per Langlaufski, Hundeschlitten oder mit dem Raupenfahrzeug zu erreichen, aber es lohnt sich. Wer je in einem gemütlichen Refugio vor dem offenen Feuer gesessen, ein frisch geröstetes Pan con Tomate, luftgetrockneten Schinken und süffigen Vino Tinto gekostet hat, will immer wieder in dieses warme Nest inmitten der grandios einsamen Bergwelt zurückkommen (Tel. +34/(0)639/494546).

30 Die Vista Aran Collbirros
Höhepunkt der Pyrenäen

Das Vall de Boí liegt an der Südabdachung der zentralen Pyrenäen und war einst so abgeschieden und unzugänglich, dass es, anders als der Rest der Iberischen Halbinsel, nie unter maurische Herrschaft kam. Die katholischen Herren des mit reichen Silbervorkommen gesegneten Tals finanzierten die Feldzüge der Reconquista – und sie bauten in ihrem religiösen Eifer viele Kirchen. In der 1.000-Seelen-Gemeinde kommt ein Gotteshaus auf 100 Einwohner.

Der Schnee macht sich hier fern von Biskaya und Mittelmeer gern mal rar, die Winter sind launisch. Das Rezept dagegen lautet Höhe. Also befinden sich die Lifte weit oberhalb der mittelalterlichen Dörfer des Tals, jenseits der 2.000-Meter-Marke. Sie reichen bis hinauf zum Puig Falcó, die Bergstation des gleichnamigen Skilifts ist auf 2.751 Metern die höchste der Pyrenäen.

Hier oben starten ein rundes Dutzend markierter Abfahrten in drei Himmelsrichtungen und zahlreiche Off-Piste-Varianten. Aushängeschild ist die Vista Aran Collbirros. Die 3,5 Kilometer lange Piste verläuft abseits aller Lifte durch die einsame Bergwelt am Rand des Nationalparks Aigüestortes, folgt zunächst herrlich aussichtsreich dem Nordostgrat des Puig Falcó, schwenkt dann auf eine nordwärts verlaufende Schulter ein, um schließlich am Talgrund die Skifahrer einzusammeln, die den direkten Weg durch die bis zu 70 Prozent steilen, schattigen Rinnen in der Nordflanke des Puig gewählt haben. Und sie hält eine Überraschung bereit: Wenn der Schnee es gut meint, eröffnet sie den Zugang zu einem riesigen Freeride-Gelände bis hinunter ins Tal von Sant Martí. Die Varianten enden alle in 1.700 Metern Höhe an der Zufahrtsstraße zur Skistation; ein Pendelbus fährt von dort hinauf zu den Liften. Dank der Gondelbahn auf Rädern umfasst Boí Taülls Skiareal mehr als 1.200 Hektar, was massig himmlisches Terrain pro Kopf bedeutet – aber damit kennen sie sich im Vall de Boí ja aus.

Skigebiet 2.030–2.751 Meter, 8 Lifte (Komfort: 5,22/10), 55 Kilometer Abfahrten (davon 10 Kilometer Freeride), 43 Prozent beschneit | **Abfahrtstyp** Piste mittelschwer (teils beschneit) | **Schneebericht** www.boitaull.cat | **Skisaison** Anfang Dez.–Mitte April | **Anreise** ab Mulhouse 1.073 Kilometer via Clermont-Ferrand und Toulouse, vom Flughafen Toulouse 233 Kilometer, vom Bahnhof Binéfar 131 Kilometer | **Tipp** Viele der Kirchen der katalanischen Romanik werden seit ihrer Weihe im 11. und 12. Jahrhundert durchgängig für den Gottesdienst genutzt. Neun dieser Kirchen wurden ins UNESCO-Weltkulturerbe aufgenommen, und sie sind allesamt sehenswert. Sie zeichnen sich durch aufwendige Steinmetzarbeiten und elegante Türme aus, bei einer Besichtigung im Winter hat man sie fast für sich.

31 Die Coma Pregona
In den Spuren der Eiszeit

Als 1908 die ersten Skiläufer auf den Schneewiesen des Pla d'Anyella bei La Molina gesichtet wurden, hatte der Skisport die Iberische Halbinsel erreicht. Seit 1922 fuhr die Eisenbahn nach La Molina, und die Skiläufer pilgerten mit der »Ferrocarril Transpirenaico« von Barcelona in die Berge. La Molina stieg zum führenden Wintersportort Spaniens auf. 1943 wurde hier Spaniens erster Skilift errichtet, ein Jahr später die erste Skischule gegründet, 1999 erfolgte der Zusammenschluss mit der benachbarten Station Masella.

Während La Molinas Pisten in die sonnigen, sanft gerundeten Hänge des Puig Llançada hinabführen, stürzen viele von Masellas Abfahrten zwischen felsigen Graten und senkrechten Klippen in die Nordseite der 2.537 Meter hohen Tosa d'Alp. Die schattigen Schründe sind ein Relikt der Eiszeit, als selbst im heute extrem sonnenreichen und trockenen Osten der Pyrenäen kleine Gletscher Kare in die Nordflanken der höchsten Berge frästen. Die meisten der famosen Rinnen in den Karwänden der Tosa sind offiziell gesperrt – aber nur um die zur Selbstüberschätzung neigenden Skifahrer aus Barcelona vor folgenschweren Mutproben zu bewahren.

Die Coma Pregona bietet einen legalen und überaus reizvollen Weg, den postglazialen Formenschatz zu genießen. Weit reicht der Blick vom Start der Piste auf der Tosa d'Alp in der Serra del Cadí über die immergrüne Hochebene der Cerdanya hinüber zum Hauptkamm der Pyrenäen. Nach rund 700 Metern entlang der Bergschulter kippt die Piste nach rechts über eine breite Flanke in das Kar hinab, auf dessen immer enger werdendem und von immer höheren Felswänden eingefasstem Grund man gar keine andere Wahl hat, als den Weg zu nehmen, dem einst ein Fluss aus Eis folgte. Das Eis ist lange verschwunden, und selbst die mehr als 1.000 Schnee-Erzeuger werden die Serra del Cadí nicht ins Pleistozän zurückschießen, aber zum Skifahren wird's wohl noch eine Weile reichen.

Skigebiet 1.616–2.524 Meter, 25 Lifte (Komfort: 5,38/10), 115 Kilometer Abfahrten (Komfort: 5,28/10), 79 Prozent beschneit | **Abfahrtstyp** Piste mittelschwer (beschneit) | **Schneebericht** www.masella.com | **Skisaison** Ende Nov.–Anfang Mai | **Anreise** ab Mulhouse 954 Kilometer via Lyon und Montpellier, vom Flughafen Barcelona 152 Kilometer, vom Flughafen Perpignan 120 Kilometer, vom Bahnhof La Molina 5 Kilometer bis zu den Pisten (Busverbindung) | **Tipp** Unweit von Masella wurde von 1979 bis 1986 das erste Solarturmkraftwerk der Welt gebaut und betrieben: Thémis. Heute fungiert »Thémis Solaire Innovation« als wissenschaftsorientierter Freizeitpark zu erneuerbaren Energien. Der Zugang zum Gelände und den verschiedenen Ausstellungen ist kostenfrei, Führungen und Workshops gibt es gegen Gebühr.

32 Die Pala Bèstia
Unter Geiern zum Heiligtum

Es gibt wenige Skigebiete, deren Ursprung auf das Jahr 700 zurückgeht. Der Legende nach versteckte der Büßer Sant Gil zu ebendieser Zeit im entlegenen Talschluss von Núria, hoch oben in den östlichen Pyrenäen, eine farbenprächtige Marienfigur. Ein Pilger namens Amadeu aus Dalmatien entdeckte sie 1079 wieder. Seitdem ist das Heiligtum der Mutter Gottes von Núria ein Wallfahrtsort, vor allem für ungewollt kinderlose Paare.

Die im neuromanischen Stil errichtete Kirche, in der die Statue heute ausgestellt ist, entstand 1911. Sie zog trotz des 3,5-stündigen Fußmarschs vom nächstgelegenen Dorf Queralbs immer mehr Pilger an, für die man 1931 eine Zahnradbahn erbaute: die Cremallera de Núria. Mit der ratternden Bahn gelangte man fortan auch im Winter bequem in das fast 2.000 Meter hoch gelegene Tal, und so wurde das Vall de Núria zu einer der Wiegen des Skisports auf der iberischen Halbinsel.

Bis heute kommt man nur mit der Cremallera an diesen Ort, der sich so seine Abgeschiedenheit bewahren konnte. Das schätzen nicht nur die unterschiedlichsten Wildtiere, die rund um das Heiligtum anzutreffen sind, darunter Gämsen, Mufflons, Wildkatzen, Steinadler, Bartgeier und Gänsegeier, sondern auch viele Familien, denn wo keine Autos sind, können die Kinder überall im weiten Talgrund mit seinem zugefrorenen See herumtollen. Gerade jene Eltern, die ihren Nachwuchs der *Mare de Déu de Núria* zu verdanken glauben, zählen zu den treuesten Stammgästen.

Nur von einem Ort gilt es die sehnlich herbeigewünschten Kinder hier oben fernzuhalten: der Pala Bèstia. Diese schwarze Piste zielt vom höchsten Punkt des kleinen Skigebiets direkt auf den Glockenturm der Kirche, und es wirkt so, als würde jeder an diesem zerschellen, der die Piste mit mangelnden Fähigkeiten in Angriff nimmt. Die Geier, die regelmäßig über der Pala Bèstia kreisen, scheinen irgendwie darauf zu spekulieren.

Skigebiet 1.964–2.252 Meter, 4 Lifte (Komfort: 5,35/10), 8 Kilometer Abfahrten (Komfort: 5,08/10), 90 Prozent beschneit | **Abfahrtstyp** Piste schwer (beschneit) | **Schneebericht** www.valldenuria.cat | **Skisaison** Anfang Dez.–Mitte April | **Anreise** von Mulhouse via Montpellier 987 Kilometer bis Ribes de Freser oder Queralbs (Bahnhöfe der Cremallera), vom Flughafen Barcelona 133 Kilometer, Bahnhof im Skigebiet | **Tipp** Den wintersportlichen Teil der Geschichte von Núria präsentiert ein liebenswert gestaltetes Museum im Keller des Besucherzentrums. Höhepunkt ist die Möglichkeit, einen Sprung auf der historischen, 1932 errichteten Skisprungschanze nachzuempfinden.

33 Die Creussans
Pulverparadies am Pyrenäenkamm

In Ordino kann man Andorra ganz ohne Verkehrschaos erleben. In dem Dorf nördlich der Hauptstadt Andorra la Vella sorgen strenge Bauvorschriften außerdem dafür, dass Neubauten seinen Charakter nicht verändern. Diesen prägen Fassaden aus grob behauenen Natursteinen, Dächer mit den typischen halbkreisförmigen »Pissara«-Schindeln und Balkone, Türen und Fensterrahmen aus dunklem Holz. Neonreklamen sind tabu und die kleinen romanischen Kirchen immer noch die höchsten Gebäude im Ort. Schön anzuschauende Steinbrücken biegen sich über rauschende Bergbäche, in den engen, gepflasterten Gassen duftet es noch nach Mist, und am Himmel kann man Bartgeier kreisen sehen. Sogar die Liftstationen im zu Ordino gehörenden Skigebiet Arcalis folgen dem regionalen Stil. Auf den Bau von Hotels oder Apartments verzichtete man. Statt auf Masse setzt man hier auf Individualgäste, die sich kein Bett, aber zumindest einen Parkplatz an den Pisten reservieren lassen können. Ein Luxus, den sich bevorzugt reiche Spanier leisten.

Arcalis ist das kleinste Skigebiet Andorras, bietet versierten Skifahrern aber viele reizvolle Varianten abseits der Pisten. Die Schneequalität ist wegen der geschützten Nordostlage am Hauptkamm der Pyrenäen ausgezeichnet, Arcalis ist regelmäßig Station der Freeride World Tour. Zusätzlich zum Pistenpanorama gibt es eine eigene Freeride Map, die mehr als 20 Tiefschneezonen unterschiedlicher Schwierigkeitsgrade zeigt. An der Sesselbahn Creussans verzichtet man seit einigen Jahren auf das Walzen von Pisten. Sie führt zur höchsten, auf der Grenze zu Frankreich gelegenen Bergstation des Areals, von wo aus die mit Lawinenrucksäcken ausgestatteten Skifahrer entweder direkt in die Südosthänge unter der Sesselbahn einfahren oder zur Punta de Peiraguils aufsteigen, um die noch etwas steileren Hänge im atemberaubend schönen Circ de Tristaina in Angriff zu nehmen.

Skigebiet 1.940–2.625 Meter, 16 Lifte (Komfort: 5,51/10), 31 Kilometer Abfahrten (Komfort: 4,22/10), 60 Prozent beschneit | **Abfahrtstyp** Skiroute schwer (nicht beschneit) | **Schneebericht** www.ordinoarcalis.com | **Skisaison** Anfang Dez.–Mitte April | **Anreise** von Mulhouse via Montpellier und Carcassonne 1.036 Kilometer bis Arcalis, vom Flughafen Toulouse 209 Kilometer, vom Flughafen Barcelona 221 Kilometer, vom Bahnhof Ax-les-Thermes 74 Kilometer | **Tipp** Arcalis ist eines der wenigen Skigebiete in Europa, die auch Heliskiing anbieten. Man kann Pakete mit zwei, vier oder sechs Flügen buchen, die Gruppengröße beträgt vier bis acht Personen plus Guide. Rund um Arcalis werden der Pic de Cabeyrou (2.732 Meter), die Port de Rat (2.537 Meter) und der Pic de l'Hortell (2.562 Meter) angeflogen.

34 Der Canal d'Emcampadana

Wilde Variante am Saum des Riesen

Grandvalira ist das größte Skigebiet Europas außerhalb der Alpen. Es entstand aus dem Zusammenschluss der Skigebiete Pas de la Casa-Grau Roig und Soldeu-El Tarter, deren Anfänge bis ins Jahr 1957 zurückreichen, als ein gewisser Francisco Viladomat hoch oben an der Passstraße von Frankreich nach Andorra, der Port d'Envalira, den ersten Skilift aufstellte. Daraus entstand die Skistation Pas de la Casa. Die zweckbestimmte Architektur aus den 1960ern und 1970ern wirkt geradezu brutal, aber die hervorragenden, makellos präparierten offenen Skihänge sind ein wahres Carving-Paradies.

Das gilt auch für das Gros der Hänge der benachbarten Skistationen, die sich an der Straße von der Port d'Envalira hinunter in die Hauptstadt Andorra la Vella aufreihen und die über die rund 2.500 Meter hohen Berge miteinander verbunden sind. Neben Spaniern bevölkern vor allem britische Pauschaltouristen die meist problemlosen Abfahrten. Die Skifans von der Insel schätzen auch das günstige Bier, das sonnige Wetter, die katalanische Küche und das vor allem in Pas de la Casa wilde Nachtleben.

Auf der anspruchvollsten Abfahrt des gesamten Reviers, dem Canal d'Emcampadana, trifft man sie weniger häufig. Sie startet am 2.492 Meter hohen Pic d'Emcampadana, der den westlichen Eckpfeiler der weiten Bergschale der Riba Escorxada oberhalb der Station El Tarter bildet. Pisten aller Schwierigkeitsgrade führen von überall in dieses Hochtal hinab. Der Canal ist eine eiszeitliche Karrinne, aber mit 45 Prozent nicht extrem, eng, aber nicht felsdurchsetzt – ein Abenteuer ohne Gefahr der Überdosierung. Nach der Hälfte ihrer 1,2 Kilometer Länge verflacht sie und taucht am Grund der Riba in den schütteren Wald ein. Auf das Tree-Skiing folgt ein kurzes Stück Piste zur großen Sonnenterrasse des Restaurante La Trattoria, wo sich vortrefflich auf das bestandene Abenteuer anstoßen lässt.

emons:

Entdecken fängt zu Hause an

ISBN 978-3-7408-1632-2

ISBN 978-3-7408-1801-2

ISBN 978-3-7408-1838-8

111 DRINKS DIE MAN GETRUNKEN HABEN MUSS

ISBN 978-3-7408-1835-7

FÜR 18,00 €
(A) 18,60 €

ISBN 978-3-7408-1222-5

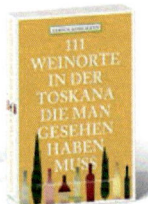

ISBN 978-3-7408-1741-1

ISBN 978-3-7408-1069-6

Skigebiet 1.710 – 2.640 Meter, 65 Lifte (Komfort: 5,64/10), 180 Kilometer Abfahrten (Komfort: 4,71/10), 65 Prozent beschneit | Abfahrtstyp Skiroute schwer (nicht beschneit) | Schneebericht www.grandvalira.com | Skisaison Anfang Dez.–Mitte April | Anreise von Mulhouse via Montpellier und Carcassonne 1.002 Kilometer bis El Tarter, vom Flughafen Toulouse 187 Kilometer, vom Flughafen Barcelona 202 Kilometer, vom Bahnhof in Ax-les-Thermes 30 Kilometer | Tipp Andorra ist als zollfreies Einkaufsparadies bekannt. Die Hauptstadt Andorra la Vella bietet aber noch mehr als die zahlreichen Geschäfte entlang der Einkaufsmeile Avenida Meritxell, etwa das Thermalbad Caldea oder die kleine, aber schöne historische Altstadt mit der Kirche von Sant Esteve und der Casa de la Vall, dem Parlamentsgebäude aus dem 16. Jahrhundert.

ITALIEN, SIZILIEN, ÄTNA, NICOLOSI, ETNA SUD

35 Canalone degli Svizzeri
Feuer und Eis

Europas bekanntester Vulkan ist der Ätna auf Sizilien. Mit 3.357 Metern ist er zugleich der höchste aktive Vulkan des Kontinents. Im Winter bedeckt Schnee sein schwarzes Lavagestein – schon vor über 400 Jahren schrieb der sizilianische Historiker Tommaso Fazello, der Ätna sei »wunderbar, weil er weder zulässt, dass das Feuer durch den Schnee gelöscht wird, noch, dass sich der Schnee im Feuer auflöst«. Die ersten Skifahrer eroberten ihn in den 40er Jahren des letzten Jahrhunderts.

Heute gelangen Skifahrer mit einer 2021 neu errichteten Sechsergondelbahn vom Rifugio Sapienza hinauf nach Montagnola auf 2.505 Meter Höhe. Die Kulisse sucht ihresgleichen: Die auch in weniger aktiven Phasen aufsteigenden Rauchsäulen des Kraters, saftig grüne Orangenhaine im Tal und das azurblaue Meer formen ein faszinierendes Bild. Das Skiterrain dominieren mittelschwere Abfahrten. An der Bergstation des Schlepplifts Montagnola startet eine anspruchsvolle Skiroute durch den Canalone degli Svizzeri hinab nach Nicolosi-Nord, ein Traum von einer Abfahrt.

Seilbahn und Skigebiet verdanken ihre Existenz dem Unternehmer Gioacchino Russo Morosoli. Viele erklärten ihn für verrückt, eine Seilbahn auf einem aktiven Vulkan zu betreiben, schließlich zerstörten Ausbrüche regelmäßig Teile der Anlage. Morosoli baute sie stets auf eigenes Risiko wieder auf, denn keine Versicherungsgesellschaft der Welt war bereit, eine Police auszustellen. Im Jahr 2001, nach einer weiteren Zerstörung, begann er sofort mit dem Wiederaufbau. Eine Woche vor der Wiedereröffnung wurde die neue Bahn bei einem erneuten Ausbruch komplett zerstört. Morosoli lieh sich nochmals Geld von der Bank, baute sie wieder auf und stotterte dann zwei Darlehen für denselben Vermögenswert ab! Morosoli, der sein Vermögen in der Automobilbranche gemacht hatte, starb 2013 ausgerechnet bei einem Verkehrsunfall, seitdem führt sein Sohn Francesco Regie.

Skigebiet 1.910–2.604 Meter, 4 Lifte (Komfort: 7,01/10), 9 Kilometer Abfahrten (Komfort: 3,54/10), 25 Prozent beschneit | **Abfahrtstyp** Skiroute schwer (nicht beschneit) | **Schneebericht** www.funiviaetna.com | **Skisaison** Dez.–März | **Anreise** vom Flughafen Catania 48 Kilometer | **Tipp** Da der Wind meist aus Norden und Westen weht, sind die Hänge von Etna Sud manchmal mit einer Ascheschicht bedeckt. In solchen Fällen gibt es eine Alternative: Etna Nord, das Skigebiet auf der anderen Seite des Bergs in der Nähe des malerischen Städtchens Linguaglossa mit seinen ausschließlich leichten Pisten. Die Situation am Ätna ändert sich ständig. Man sollte sich daher zunächst im örtlichen Tourismusbüro über die aktuelle Lage informieren, bevor man einen Skiausflug plant.

36 Die Direttissima Pratello
Perle im Apennin

Am 5. März 2015 fielen in den italienischen Dörfern Capracotta und Pescocostanzo innerhalb von 18 Stunden 256 beziehungsweise 240 Zentimeter Schnee – ein neuer Weltrekord. Wer noch nie von diesen beiden Dörfern gehört hat, könnte vermuten, dass sie irgendwo in den Alpen liegen. Tatsächlich befinden sie sich rund 130 Kilometer östlich von Rom! Rund fünf Kilometer südlich von Pescocostanzo ragt der Monte Pratello im Herzen des größten Skigebiets der Region Abruzzen auf. Das hält eine ganze Reihe schöner Pisten vor, aber das Juwel des Skigebiets, das von vielen erfahrenen italienischen Skifahrern als eine der besten Abfahrten des Landes angesehen wird, ist die Direttissima Pratello.

Diese schwarze Piste führt 631 Höhenmeter in der Mitte einer großen Mulde hinab. Der präparierte Bereich ist nach Osten ausgerichtet, aber es gibt auch weite, offene nördliche und südliche Bereiche des Beckens auf beiden Seiten der aufbereiteten Zone, die auch eine ausladende Fläche leicht zugänglichen Geländes abseits der Piste bieten. Auf halber Höhe erreicht man die Baumgrenze, und die Abfahrt verengt sich zu einem sanfteren Abschnitt, der von Wald gesäumt wird.

Fast das Beste an dieser reizvollen Strecke ist der Mangel an Menschen, die sie befahren. An den Wochenenden bevölkern wohlhabende Römer die Hänge von Rivisondoli, doch sobald sonntagnachmittags gegen 16 Uhr der Exodus zurück in die Stadt beginnt, ist das gesamte Resort bis zum nächsten Wochenende weitgehend menschenleer. Auch am Wochenende bleibt die Direttissima eher verwaist. Die Römer fahren von etwa 10.30 bis 13 Uhr einige gepflegte blaue und rote Abfahrten und genießen dann ein langes Mittagessen, das fließend ins Après-Ski übergeht. Die über die Piste führende Gondel wird als zentrale Aufstiegshilfe aber gut frequentiert. Wer auf der Direttissima eine *bella figura* macht, kann sich seines Publikums also gewiss sein.

Skigebiet 1.309–2.141 Meter, 24 Lifte (Komfort: 6,45 /10), 71 Kilometer Abfahrten (Komfort: 4,92 /10), 90 Prozent beschneit | **Abfahrtstyp** Piste schwer (beschneit) | **Schneebericht** www.roccaraso.net | **Skisaison** Anfang Dez.–Anfang April | **Anreise** vom Flughafen Pescara 108 Kilometer, Bahnhöfe in Roccaraso und Rivisondoli, Busverbindung ins Skigebiet Alto Sangro | **Tipp** Das Skigebiet liegt südlich des Abruzzen-Nationalparks. Der 51.000 Hektar große Park ist die Heimat von Italienischen Wölfen, Marsischen Braunbären, Abruzzen-Gämsen, Wildschweinen und Steinadlern sowie einer Vielzahl anderer Vögel und Säugetiere wie Wildkatzen, Ottern, Mardern und Luchsen.

37 — Die Genziana
Freie Hänge unter dem Gefängnis des Duce

Benito Mussolini war ein begeisterter Skifahrer und ließ sich gern mit freiem Oberkörper im Schnee fotografieren. Ebenso wie sein moderner russischer Nachahmer sorgte auch er für die Erschließung von Skigebieten, aber nicht im Kaukasus, sondern in den Apenninen. Dort ließ er 1934 eine Seilbahn bis knapp unterhalb des höchsten Gipfels, des 2.912 Meter hohen Gran Sasso d'Italia, errichten, zusammen mit einem stattlichen Berghotel. Aber genau dort, am Campo Imperatore, wurde der Duce ironischerweise nur wenige Jahre später inhaftiert. Man schrieb das Jahr 1943, Italien verlor den Krieg und Mussolini die Gunst vieler seiner Landsleute sowie die von König Viktor Emanuel III., der den Diktator seines Amtes enthob und ihn im Hotel Campo Imperatore unter Verschluss hielt.

Adolf Hitler ordnete daraufhin eine Befreiungsaktion an, bei der zehn Segelflugzeuge unter der Leitung von Kapitän Otto Skorzeny auf dem Plateau landeten, nachdem die Talstation der Seilbahn auf dem Landweg eingenommen worden war. Sie ging als »Operation Eiche« in die Geschichte ein. Mussolini wurde mit einer Fieseler Storch ausgeflogen und von Hitler als Führer eines norditalienischen Marionettenstaats eingesetzt.

Heute blättert die rote Farbe von den Außenwänden des Hotels, aber man kann auf weißen Tischdecken im klassischen Art-déco-Speisesaal zu Mittag essen und sogar in dem Bett schlafen, in dem Mussolini mutmaßlich von seiner Rettung träumte. Man kann auch die Startbahn der Fieseler Storch auf Skiern hinabgleiten. Dazu muss man vom Hoteleingang bloß die Piste Genziana ansteuern. Sie bietet nicht nur einen guten Kilometer Abfahrtsvergnügen auf historischem Boden, sondern auch einen traumhaften Blick über das »Kaiserliche Feld«, eine baumlose Hochebene, die man eher in Tibet als in Mittelitalien verorten würde und deren Anblick den Duce seinen Tagebucheintragungen zufolge anno 1943 eher betrübte denn verzückte.

Skigebiet 1.892–2.193 Meter, 4 Lifte (Komfort: 6,00/10), 12 Kilometer Abfahrten (Komfort: 5,50/10), 0 Prozent beschneit | **Abfahrtstyp** Piste mittelschwer (nicht beschneit) | **Schneebericht** www.ilgransasso.it | **Skisaison** Anfang Dez.–Mitte April | **Anreise** ab Basel 940 Kilometer via Bologna, Ancona, vom Flughafen Rom 170 Kilometer, vom Bahnhof L'Aquila 23 Kilometer | **Tipp** Vom Hotel und von der Bergstation des Sessellifts am Monte della Scinderella gibt es mehrere Abfahrten, die durch freies Gelände über mehr als 1.000 Höhenmeter bis zur Talstation der Seilbahn in Fonte Cerreto führen. Sie sind sämtlich sehr steil und lawinengefährdet, aber bei den richtigen Bedingungen ein Leckerbissen. Mit Tourenskiern lassen sich die Möglichkeiten noch erheblich erweitern.

38 Die Zeno 3
Toskanische Genüsse

Abetone ist die große alte Dame unter den Skiorten Mittelitaliens. In napoleonischer Zeit wurde die Straße über den gleichnamigen Pass gebaut. In den 1930er Jahren entdeckte der blaublütige Schwiegersohn Mussolinis den Ort als Wintersportziel. Galeazzo Ciano ließ 1936 den ersten Skilift errichten, 1941 folgten im Val di Luce weitere Lifts, Hotels und Restaurants. Fortan pilgerten Adel und Elite nach Abetone. Besonders englische Gäste schätzten die Kombination einer Reise zu den Renaissancestädten der Toskana – Florenz ist nur 90 Kilometer entfernt – mit einem Winterurlaub in den kühlen, aber sonnigen Apenninen. Auch nach dem Krieg hielten die Engländer Abetone zunächst noch die Treue. Bei so viel Tradition ist es nicht verwunderlich, dass Abetone als einziger Skiort des Apennins zu Weltcup-Ehren kam. Von 1968 bis 1974 fanden dort regelmäßig Damenrennen statt.

Herzstück des Skigeländes ist der 1.892 Meter hohe Monte Gomito. Seine vier Kilometer weite, bis auf 1.700 Meter bewaldete Nordflanke durchziehen gut ein Dutzend Abfahrten. Darunter auch die Weltcupstrecken, entworfen vom großen Zeno Colò. Die italienische Skilegende gewann 1950 bei den Weltmeisterschaften in Aspen die Abfahrt und den neu eingeführten Riesenslalom, 1952 in Oslo die olympische Goldmedaille in der Abfahrt. Gleich vier Pisten tragen heute Colòs Vornamen. Die Zeno 3 gilt als eine der schönsten Italiens, sowohl wegen ihres Profils als auch wegen ihres landschaftlichen Reizes. Ein kurzes Stück geht es auf dem aussichtsreichen Grat des Gomito entlang, dann schwenkt die Piste in den breiten und freien Nordhang ein, es folgt eine kurze Querung, und die Zeno 3 taucht in den Buchenwald ein. Ab hier ist sie blau markiert und wunderbar gleichmäßig geneigt. Wer hier den Parallelschwung nicht lernt, sollte die Bretter in die Ecke stellen und sich dem Sightseeing widmen – Gelegenheit dazu gibt es in der Toskana reichlich.

Skigebiet 1.240–1.892 Meter, 15 Lifte (Komfort: 5,46/10), 45 Kilometer Abfahrten (Komfort: 4,27/10), 80 Prozent beschneit | Abfahrtstyp Piste mittelschwer (beschneit) | Schneebericht www.abetoneovovia.it | Skisaison Anfang Dez.–Ende April | Anreise vom Grenzübergang Lindau 571 Kilometer via Chur, San-Bernadino-Pass, Mailand und Modena, vom Flughafen Bologna 116 Kilometer, vom Bahnhof Pracchia 33 Kilometer | Tipp Fast ebenso wichtig wie genussvolles Skifahren ist den Gästen Abetones gutes Essen. Abetone bietet zahlreiche empfehlenswerte Restaurants, herausragend ist die Trattoria da Fagiolino im Nachbarort Cutigliano. Serviert wird köstliche traditionelle toskanische Küche aus qualitativ hochwertigen Zutaten in einem einfachen, aber freundlichen Ambiente.

39 Die Baggiolara II
Skifahren à la Bolognese

Weithin sichtbar überragt der pyramidenförmige Gipfel des Monte Cimone mit seinen 2.165 Metern den gesamten nördlichen Apennin. Sein Skigebiet hat alpine Dimensionen: Zwischen der Buca del Cimone im Süden und Montecreto im Norden liegen sechs Kilometer. Der größte Skiort am Cimone ist Sestola, das sich in eine kleine Senke am Abhang des Calvanella kauert, überragt von einem mittelalterlichen Castello. Auf der Flaniermeile Corso Libertà herrscht schon morgens reger Betrieb, die Pelzdichte ist beachtlich. Man passiert Sestola auf der Fahrt von Bologna zum Passo del Lupo (1.550 Meter), dem Zentrum des Skigebiets mit Bars, Restaurants und einer unüberschaubaren Ansammlung von Liegestühlen.

Die Buchen, Tannen, Birken und Fichten wachsen am Cimone nur bis auf 1.700 Meter, und so fährt man in den oberen Etagen über freie Hänge. Den Gipfel des Cimone erreicht man von der Bergstation der Sesselbahn Cimoncino nach einer halben Stunde Aufstieg. Der lohnt wegen der superbreiten, 300 Meter hohen und 70 Prozent steilen Nordflanke – Freeride-Terrain der Güteklasse eins.

Der Cimone bietet auch anspruchsvolle Pisten: Die Baggiolara II führt zunächst sehr sanft über die Hochebene des Pian Cavallaro, entlang einer Abbruchkante, die von Steilrinnen mit bis zu 100 Prozent Neigung durchzogen werden. Die münden in den Felsenkessel des Rio delle Ghiaie an der Bergstation des Sessellifts Valcava. Bleibt man auf der Piste, gelangt man zu einem kurzen Förderband, das einen zum Rand des Pian Cavallaro bringt. Ab hier verdient sich die Baggiolara II ihre schwarze Markierung, zumindest auf dem Stück oberhalb der Waldgrenze. Die letzten 1,5 der insgesamt 2 Kilometer Abfahrt bis nach Le Polle sind hingegen eher mittelschwer und perfekt für Riesenslalomschwünge geeignet. Es gibt noch drei weitere Waldabfahrten nach Le Polle, das auch wegen seiner gemütlichen Gasthöfe stets einen Abstecher wert ist.

Skigebiet 1.280–1.976 Meter, 13 Lifte (Komfort: 5,29/10), 47 Kilometer Abfahrten (Komfort: 4,62/10), 75 Prozent beschneit | **Abfahrtstyp** Piste schwer (beschneit) | **Schneebericht** www.cimonesci.it | **Skisaison** Ende Nov.–Mitte April | **Anreise** vom Grenzübergang Lindau 561 Kilometer via Chur, San-Bernadino-Pass, Mailand und Modena, vom Flughafen Bologna 85 Kilometer, vom Bahnhof Vignola 54 Kilometer | **Tipp** Die Skiorte Sestola und Montecreto liegen auf 1.020 beziehungsweise 900 Metern – mittlerweile zu niedrig für Schnee. Beide verfügen aber über Zubringerlifte ins Skigebiet. Der von Sestola führt zum Pian del Falco, von wo aus es einen Shuttlebus zum Passo del Lupo gibt. Auf der früheren roten Abfahrt zurück ins Dorf wurden MTB-Trails angelegt – eine potenzielle Alternative, falls es auch weiter oben am Cimone an Schnee mangeln sollte.

40 Die Alpette
Pulver und Palmen

Es gibt nur wenige Orte auf der Welt, an denen man gleichzeitig einen Ski- und einen Strandurlaub genießen kann – Orte, an denen schneebedeckte Berge nah genug an der Küste liegen, um am selben Tag Ski zu fahren und zu schwimmen. Limone Piemonte ist Mitglied dieser exklusiven Gruppe, die ligurische Küste ist nur etwas mehr als 1,5 Stunden entfernt. Die Lifte des örtlichen Skigebiets Riserva Bianca reichen zwar nur bis auf 2.085 Meter, aber dank zahlreicher Nordhänge kann man dort bis Anfang April Ski fahren. Die Lufttemperaturen sind dann zwischen Ventimiglia und Savona schon sommerlich, das Wasser ist noch erfrischend.

Außer seinen 38 Pisten – früher waren es mal über 50, aber im Piemont verschwinden so viele Skigebiete von der Bildfläche wie nirgendwo sonst in den Alpen – bietet Riserva Bianca auch 5 markierte Freeride-Abfahrten. Eine davon, die Alpette, ist im Gegensatz zum üblichen Charakter solcher Runs eher gemächlich und für Anfänger geeignet. Ideal also, um erste Erfahrungen im freien Gelände zu sammeln. Ihren Start erreicht man nach einem zehnminütigen Aufstieg von der Bergstation des Sessellifts Pian del Leone – Pancani. So gelangt man über einen Bergrücken in ein einsames Tal östlich des Skigebiets.

Los geht es über 2,5 Kilometer lange, freie Hänge durch ein wunderschönes sanftes Hochtal. Es folgen etwa 3,5 Kilometer Skiweg zurück ins Pistenrevier, ein kurzes Stück im flachen Auslauf der schwarzen Piste Olimpica Giacomo Marro, und zu guter Letzt geht es über das ebenso harmlose Schlussstück der roten Piste Seggiovia Sole. Dann hat man 7,5 Kilometer Strecke und fast 1.100 Höhenmeter hinter sich. Bei den richtigen Bedingungen, guter Sicht und 20 bis 30 Zentimetern Neuschnee, die perfekte Wahl, um mit dem Off-Piste-Skifahren erste Bekanntschaft zu machen. Belohnen kann man sich mit einem Ausflug in eines der malerischen Dörfer entlang der italienischen Riviera.

Skigebiet 1.055 – 2.085 Meter, 14 Lifte (Komfort: 5,87/10), 55 Kilometer Abfahrten (Komfort: 4,96/10), 0 Prozent beschneit | Abfahrtstyp Skiroute leicht (nicht beschneit) | Schneebericht www.riservabianca.it | Skisaison Mitte Dez.–Anfang April | Anreise ab Basel 548 Kilometer via Bern, Aosta, Turin, vom Flughafen Turin 154 Kilometer, Bahnhof in Limone Piemonte | Tipp Sechs Kilometer nördlich von Limone liegt das Dorf Vernante. Attilio Mussino, der berühmteste Illustrator von Pinocchio, verbrachte dort seinen letzten Lebensabschnitt bis zu seinem Tod im Jahr 1954. Daher ist das gesamte Dorf heute mit mehr als 150 Wandgemälden von Pinocchio und den verschiedenen anderen Figuren aus Carlo Collodis Märchen geschmückt.

41 Die Piste Franco Berthod
Auf Hannibals Spuren

Am 1. April 2021 ging ein Bild des Ferienorts La Rosière viral, das ein Team von lächelnden Mitarbeitern zeigte, das einen riesigen Stoßzahn aus dem Schnee barg – der Beweis dafür, hieß es, dass Hannibal ihr Skigebiet durchquerte, als er mit seinen Elefanten über die Alpen nach Italien marschierte. Wie alle guten Aprilscherze enthielt auch dieser ein Körnchen Wahrheit.

Tatsache ist, dass der 28-jährige Hannibal seine Armee im Jahr 218 vor Christus von Südspanien nach Italien führte, begleitet von 37 Elefanten. Anstatt den erwarteten Weg entlang der Mittelmeerküste zu nehmen, überraschte er die römische Armee, indem er die Alpen überquerte. Niemand weiß jedoch, welche genaue Route Hannibal nahm, aber mehrere der in Frage kommenden Strecken sind heute von Skiliften und Pisten gesäumt (die Lifte hätten Hannibal und seiner Armee den Marsch wohl erleichtert, allerdings nicht den armen Elefanten). So auch die Route über den Kleinen St. Bernhard Pass.

Wer dort eine Abfahrt sucht, die einem das Gefühl gibt, auf historischen Spuren unterwegs zu sein, kommt an der Piste Franco Berthod nicht vorbei. Die durch Weltcup-Abfahrten geadelte Piste führt auf der italienischen Seite des grenzüberschreitenden Skigebiets Espace San Bernardo hinunter ins skisportbegeisterte Dorf La Thuile, das bei nur 700 Einwohnern 100 Kinder im Skiclub zählt.

Die Piste ist nach Franco Berthod benannt, einem lokalen Skirennstar der 1960er Jahre, der als sehr junger Mann im Weltcup debütierte, aber seine Karriere wegen Verletzungen früh beenden musste. Mit einem Gefälle von 76 Prozent an der steilsten Stelle ist sie eine der anspruchsvollsten Italiens. Ihre schattige Lage macht sie oft härter, schneller und eisiger und damit noch herausfordernder, als sie ohnehin schon ist. Schilder am Start der Piste warnen, sie sei nur für Experten – *solo per esperti* –, was ausnahmsweise mal nicht übertrieben ist.

Skigebiet 1.176 – 2.803 Meter, 33 Lifte (Komfort: 5,72/10), 154 Kilometer Abfahrten (Komfort: 4,53/10), 70 Prozent beschneit | Abfahrtstyp Piste schwer (beschneit) | Schneebericht www.lathuile.it | Skisaison Mitte Dez.–Ende April | Anreise ab Basel 320 Kilometer via Martigny, vom Flughafen Turin 165 Kilometer, vom Flughafen Mailand-Malpensa 227 Kilometer, vom Bahnhof Aosta 50 Kilometer | Tipp Von der Passhöhe des Col du Petit-Saint-Bernard kann man per Helikopter zum Preis von 150 Euro zu Abfahrten im freien Gelände schweben. Im Gegensatz zu Frankreich ist Helikopterskilauf in Italien erlaubt. Top-Ziel in den Bergen rund um La Thuile und Blickfang von den Pisten ist der 9 Quadratkilometer große Gletscher von Rutor. Fast 2.000 Höhenmeter misst die Abfahrt bis hinunter ins Dorf, direkt über dem Pass wird der 3.068 Meter hohe Mont Miravidi angeflogen.

42 Die Bellevue
Après-Ski im Amphitheater

Der Name dieser Piste ist Programm: Eine Abfahrt mit einem umfassenderen Panorama der höchsten Gipfel der Alpen dürfte schwer zu finden sein. Zum Greifen nah ragen am 2.612 Meter hoch gelegenen Startpunkt der Abfahrt von rechts nach links Dufourspitze (4.634 Meter), Liskamm, Breithorn, Alphubel, Dom (4.545 Meter), Matterhorn, Grand Combin und Montblanc (4.810 Meter) in den Himmel über dem Aostatal. Sogar die höchstgelegene Berghütte der Alpen auf der Punta Gnifetti (4.554 Meter) ist zu erkennen. Da ist es nicht leicht, den Blick zu lösen. Doch die Bellevue ist auch selbst ein Genuss. Den breiten, 60 Prozent steilen Starthang bewältigt man dank bester Arbeit der Pistenraupen mit drei, vier zügigen Carvingschwüngen. Einmal in Fahrt, fällt es schwer, nicht gleich auch noch die anschließenden Paradehänge bis nach Plan Praz hinunterzudüsen. Hier befindet sich auf 1.540 Metern zwar die Talstation des Skigebiets Pila, der Talboden und seine namensgebende Stadt Aosta liegen indes noch mal 1.000 Höhenmeter tiefer.

Per Gondelbahn gelangt man von Plan Praz in nur 13 Minuten hinab, in der Zeit reist man dabei mehr als 2.000 Jahre zurück. Aosta wurde 25 vor Christus von Kaiser Augustus gegründet, und bis heute sind reihenweise beeindruckende Baudenkmäler aus der Römerzeit erhalten geblieben: das wunderschöne Stadttor Porta Praetoria, das römische Amphitheater, der Augustusbogen. Eingebettet ist all das in eine faszinierende mittelalterliche Architektur mit weiteren Baudenkmälern wie der sehenswerten Kirche von Sant'Orso, deren Kreuzgang mit 40 bebilderten Marmorkapitellen ein wahres Juwel romanischer Kunst und Architektur ist. Aostas lebendiges historisches Zentrum wartet außerdem mit liebenswerten Läden und toller Gastronomie auf – Rom im Miniaturformat! Ein ungewöhnlicherer Wintersportort als Aosta dürfte genauso schwer zu finden sein wie ein Pendant zum Panorama der Piste Bellevue.

Skigebiet 1.540 – 2.740 Meter, 10 Lifte (Komfort: 5,33/10), 58 Kilometer Abfahrten (Komfort: 4,83/10), 62 Prozent beschneit | **Abfahrtstyp** Piste schwer (beschneit) | **Schneebericht** www.pila.it | **Skisaison** Anfang Dez.–Mitte April | **Anreise** ab Basel 300 Kilometer via Montreux, Martigny und Tunnel du Grand-Saint-Bernard, vom Flughafen Mailand-Malpensa 170 Kilometer, Bahnhof in Aosta | **Tipp** Das Aostatal ist die kleinste italienische Weinbauregion, rund um die Stadt kann man rund 20 Weingüter besuchen. Zum Beispiel das Weingut Ottin Elio, das Weinproben nach vorheriger Anmeldung selbst für Alleinreisende (und in englischer Sprache) anbietet. Die hier produzierten Rot- und Weißweine (unter anderem Petite Arvine und Pinot Noir) kann man natürlich auch kaufen (www.ottinvini.it).

ITALIEN, ALPEN, BREUIL-CERVINIA, MATTERHORN SKI PARADISE

43 Die Ventina
Grenzüberschreitung in dünner Luft

Die Ventina ist die außergewöhnlichste Strecke des Ski-Weltcups. Sie startet in der Schweiz und endet in Italien. Ein Skirennen über Ländergrenzen hinweg, das hatte es noch nie gegeben, bis die Marketingstrategen zu beiden Seiten des Matterhorns auf die Idee kamen, dass das ein passendes Event wäre, um die Vollendung eines anderen grenzüberschreitenden Projekts zu feiern: des Alpine Crossing. Dahinter verbirgt sich die kühne Seilbahn, die von der zum italienischen Cervinia gehörenden Testa Grigia stützenlos über das Plateau Rosa zum Klein Matterhorn schwebt. Das steht schon in der Schweiz, und dort oben, auf 3.821 Metern, startet die Abfahrtsstrecke. Nirgendwo sonst müssen die Athleten sich in derart dünner Luft in die Tiefe stürzen.

Zusammen mit den fast 4,5 Kilometern Länge der Strecke ergibt das den ultimativen Härtetest, und zwar gleich zu Saisonbeginn. Zwei Drittel der Abfahrt verlaufen auf Gletschereis (auch das ein Novum), weshalb die Ventina einen noch freien Platz im Weltcup-Kalender ergattern konnte. Dafür, dass zum frühen Renntermin im Herbst auch das untere Drittel befahrbar ist, sorgt die Mannschaft von Cervinias Pistenchef Antoine Casarotto bereits im vorigen Frühling. Dann schieben sie Schneedepots zusammen, decken sie ab und hoffen, dass der meiste Schnee den Sommer überdauert, um ihn kurz vor dem Rennen zwischen Gletscherrand und Zielraum zu verteilen.

Im Winter kann man auf der Ventina bis nach Cervinia hinunterschwingen, macht noch mal 4,5, wenn auch etwas gemütlichere Kilometer. Alternativ biegt man am Gletscherrand links Richtung Colle Cime Bianche ab, dem Startpunkt des Reine Blanche. Dieses Volksskirennen führt hinab nach Valtournenche. Wer in einem Rutsch vom Klein Matterhorn bis dorthin abfährt, hat am Pistenende 13,4 Streckenkilometer und 2.259 Höhenmeter in den Beinen und eine Legende mehr auf dem persönlichen Streckenkonto.

Skigebiet 1.562 – 3.821 Meter, 52 Lifte (Komfort: 6,93/10), 254 Kilometer Abfahrten (Komfort: 4,29/10), 80 Prozent beschneit oder Gletscher | **Abfahrtstyp** Piste mittelschwer (beschneit) | **Schneebericht** www.cervinia.it | **Skisaison** Mitte Okt.–1. Mai | **Anreise** vom Flughafen Mailand-Malpensa 180 Kilometer, vom Flughafen Turin 120 Kilometer, vom Bahnhof Châtillon-Saint-Vincent 29 Kilometer, von dort Bus 503 (etwa 1 Stunde) | **Tipp** Das Ristorante Bontadini liegt an der gleichnamigen Piste unterhalb des Theodulpasses auf mehr als 3.000 Metern Höhe. In dem im Souterrain gelegenen Bedienrestaurant ist auch das Niveau der Küche ausgesprochen hoch. Geboten werden klassisch italienische Küche mit erlesenen Zutaten, hervorragende Weine und ebenso freundlicher wie professioneller Service – ein echter Genuss (Reservierungen unter Tel. +39/335/250312).

44 Die Piste Leonardo David

Das homologierte Denkmal

Leonardo David landete als 18-Jähriger zum Auftakt der Saison 1978/79 in Schladming in seinem ersten Weltcuprennen überhaupt gleich auf dem dritten Rang. Nach weiteren Spitzenplätzen holte er Anfang Februar 1979 beim Slalom in Oslo seinen ersten Weltcupsieg – vor Ingemar Stenmark! Italien feierte ihn als Nachfolger von Gustav Thöni. Nur wenige Tage nach seinem Sieg stürzte er bei einem Rennen in Cortina d'Ampezzo schwer. Am 3. März stürzte er bei der Abfahrt von Lake Placid erneut, stand auf, fuhr über die Ziellinie und brach kurz darauf bewusstlos zusammen. Er wachte nie wieder auf. Nach sechs Jahren im Koma starb er 1985 in seinem Heimatort Gressoney-Saint-Jean.

Die Piste am Dorfrand, auf der ihn sein Vater Davide David trainiert und zum Spitzenfahrer geformt hatte, trug fortan seinen Namen. Diese Piste ist wie dafür geschaffen, Rennfahrer hervorzubringen: steil, breit, nordseitig, daher stets eine Spur härter und mit anspruchsvollen Geländeübergängen gespickt, homologiert für Riesenslalom-Weltcuprennen und Trainingsort diverser Nationalmannschaften. Trotz des phantastischen Blicks talaufwärts zu den Viertausendern des Monte Rosa sind Skirennläufer hier meist unter sich.

Das wäre der Piste fast zum Verhängnis geworden. Wegen zu geringer Einnahmen wollte die außerhalb des Tals beheimatete Eigentümergesellschaft den Betrieb des kleinen Skigebiets einstellen. Doch die Buchhalter hatten die Rechnung ohne die Menschen in Gressoney-Saint-Jean gemacht. Das Ende des Skigebiets hätte das Andenken an den größten Sohn ihres Dorfes zerstört. Geschlossen richteten sie eine Petition an die Provinzregierung – mit Erfolg. Man bewilligte Mittel für die Modernisierung des Lifts, der Rückbau war vom Tisch. Zumindest im Namen einer großartigen Abfahrt wird Leonardo David also weiterleben.

Skigebiet 1.372–2.047 Meter, 3 Lifte (Komfort: 5,2/10), 8 Kilometer Abfahrten (Komfort: 5,32/10), 100 Prozent beschneit | **Abfahrtstyp** Piste schwer (beschneit) | **Schneebericht** www.visitmonterosa.com | **Skisaison** Anfang Dez.–Ende März/Mitte April | **Anreise** vom Flughafen Mailand-Malpensa 160 Kilometer, vom Flughafen Turin 96 Kilometer, vom Bahnhof Pont-Saint-Martin 28 Kilometer | **Tipp** Das Val di Gressoney wurde im 13. Jahrhundert von aus der Schweiz kommenden Walsern besiedelt. Ihre Sprache, das Titsch, hat sich bis heute erhalten. Schriftsprache war das Hochdeutsche, daher findet man im Tal häufig deutschsprachige Ortsbezeichnungen. Seine überaus interessante Geschichte, die über Jahrhunderte von engen Beziehungen ins Wallis und nach Süddeutschland geprägt war, wird sehr anschaulich im Walsermuseum in Gressoney-La-Trinité erzählt.

45 — Die Schwarztor-Abfahrt
Die großartigste Runde der Welt

Unter den Tausenden von Heliski-Abfahrten, die weltweit etabliert wurden, ist die Schwarztor-Abfahrt ein absoluter Klassiker. Heliskiing kann ziemlich teuer sein, aber dieser spezielle Run kostet überraschend wenig, da man mit den Liften vom hinteren Val di Gressoney im Skigebiet Monterosa bis zum Colle Bettaforca (2.727 Meter) gelangt. Erst von dort geht es per AS 350 Écureuil B3 zum Colle di Verra oder zum Lys-Gletscher, den direkt an der Schweizer Grenze in knapp 4.000 Metern Höhe gelegenen Landepunkten. Das reduziert die tatsächliche Zeit im Helikopter auf ein absolutes Minimum.

Die oberen Hänge sind ziemlich sanft und erlauben mühelose Pulverschneeschwünge. Allmählich wird das Terrain auf dem Schwärzegletscher anspruchsvoller. Großartig bleibt es bei den richtigen Bedingungen trotzdem. Für die Landschaft gilt das unabhängig von der Schneequalität, die ist schlicht spektakulär, denn nach einer Weile kommt der perfekteste Berg der Welt – das Matterhorn – in Sicht. Man darf sich jedoch nicht zu sehr davon ablenken lassen, denn auf dem Gornergletscher und dem Bodengletscher führt die Abfahrt durch ein Meer aus atemberaubenden Eistürmen und blaugrün schimmernden Gletscherspalten.

Die mehr als zehn Kilometer lange Tiefschneeabfahrt endet in Zermatt. Um von dort zum Ausgangspunkt in Italien zurückzukehren, nimmt man die Bahn hinauf zum Klein Matterhorn. Deren Bergstation auf 3.820 Metern ist die höchstgelegene Europas. Von dort folgt man zunächst einem Abschnitt der Piste in Richtung Cervinia und biegt dann ins freie Gelände des Vallone di Courtod ab. Nach noch einmal sieben Off-Piste-Kilometern erreicht man den Weiler Saint Jacques, wo die Bar Fior di Roccia zu einem späten Mittagessen lädt. Per kurzer Taxifahrt kommt man nach Champoluc, von wo aus man per Lift wieder den Colle Bettaforca erreicht. Auf der anderen Seite führt die Piste hinunter zum Ausgangspunkt in Gressoney.

Skigebiet 1.212–3.275 Meter, 20 Lifte (plus 3 Helikopter, Komfort: 6,60/10), 80 Kilometer Abfahrten (Komfort: 4,45 /10), 95 Prozent beschneit | Abfahrtstyp Tourenabfahrten (nur mit Guide oder alpiner Erfahrung zu befahren) | Schneebericht www.visitmonterosa.com | Skisaison Anfang Dez.–Mitte April | Anreise ab Lindau 452 Kilometer via Mailand, von Basel 382 Kilometer via Montreux, vom Flughafen Mailand-Malpensa 165 Kilometer, vom Bahnhof Pont-Saint-Martin 35 Kilometer | Tipp Im Val di Gressoney trifft man sich vor dem Abendessen auf ein Glas Wein und genießt dazu Lardo, also Speck, aus Arnad, Schinken, Würste und Käse. Ein besonders schöner Ort für diese Tapas à la Monterosa ist die Bar Castore & Polluce am Dorfplatz in Tache.

46 Die Superpanoramica
Licht aus, Spot an!

Bis zum über 4.000 Meter hohen Berninamassiv, dem höchsten der Ostalpen, reicht der Blick von der Bergstation des Baradello-Lifts im Skigebiet von Aprica. Im Westen erstreckt sich tief unten das Valtellina, im Norden, jenseits von Tirano, das Schweizer Poschiavo. Was lag näher, als die hier startende Abfahrt »Superpanoramica« zu nennen? Zumal sie leicht ist und man den Blick daher durchaus mal auf das umfassende Bergpanorama richten kann. Auf gut 5 Kilometern Länge überwindet die Abfahrt 818 Höhenmeter. Es gibt nicht viele derart lange Pisten, die Anfänger mit keinem einzigen kniffligen Steilstück, keiner einzigen Engstelle und nicht einem Gegenhang quälen. Entsprechend beliebt ist die Superpanoramica bei den Ausflüglern aus den nahe gelegenen Städten wie Mailand oder Bergamo.

Mit der 2020 für rund eine Million Euro installierten Flutlichtanlage wollte man den Städtern noch mehr Gelegenheit geben, entspannte Schwünge auf das Paradestück von Apricas Pistennetz zu zirkeln. Eine mutige Entscheidung, denn der Boom des Flutlichtskifahrens ist eigentlich längst vorbei. Doch die Superpanoramica ist nicht irgendeine Flutlichtabfahrt, sie ist die längste beleuchtete Piste Europas, und Superlative haben noch immer gezogen. Dank sparsamer LED-Leuchten geht der Rekord nicht auf Kosten eines exorbitanten Energieverbrauchs.

Außer Gletscherbergen kann man von der Superpanoramica aus nun also auch die Sterne und die Lichter von Aprica unten im Tal funkeln sehen. Die Piste ist an mehreren Abenden der Woche von 19.30 bis 23 Uhr geöffnet. Dank der schnellen Baradello-Sesselbahn – die Bergfahrt dauert nur sieben Minuten – lassen sich da eine Menge Kilometer machen. An einem Abend in der Woche wird die Abfahrt exklusiv für Pistentourengeher beleuchtet. Der Lift ist dann geschlossen, das für seine Valtelliner Spezialitäten bekannte Ristorante Dal Brusca an der Bergstation natürlich nicht.

Skigebiet 1.162–2.270 Meter, 11 Lifte (Komfort: 6,23/10), 40 Kilometer Abfahrten (Komfort: 4,45/10), 80 Prozent beschneit | Abfahrtstyp Piste leicht (beschneit) | Schneebericht www.apricaonline.com | Skisaison Ende Nov.–Anfang April | Anreise vom Grenzübergang Lindau 241 Kilometer via Chur, Klosters, Autoverlad Flüela- und Berninapass, vom Flughafen Bergamo 113 Kilometer, vom Bahnhof Villa Tirano 14 Kilometer | Tipp Aprica blickt auf eine lange Geschichte als Zentrum der weltbesten Skirennsportler zurück und veranstaltete bereits in den 1970er und 1980er Jahren Alpine Skiweltcuprennen. Die Pisten sind noch heute geöffnet. Man kann auch Para-Skifahren ausprobieren, also Skifahren mit Gleitschirm, wobei man richtig große Höhen erreichen kann.

47 Das Val della Mite
Von der Piste in die Therme

So schnell kann es gehen. Flotte sechs Minuten benötigt die Funifor Pejo 3000, um die Wintersportler von der Mittelstation Tarlenta auf 2.000 Metern Höhe auf den höchsten Punkt des Skigebiets zu bringen, der knapp an der 3.000-Meter-Grenze schrammt. Ein großartiger Aussichtspunkt und gleichzeitig Start der einmaligen Abfahrt durch das wilde Val della Mite.

Das schneesichere Tal führt durch eine faszinierende Hochgebirgslandschaft am Fuß des Monte Vioz, über den im Ersten Weltkrieg die Front verlief – einige Stellungen sind bei der Bergstation noch zu sehen. Mit etwas Ortskenntnis entdeckt man bei der Abfahrt das Areal der Bergstation einer ehemaligen Doppelsesselbahn. Die wurde in den 1970er Jahren des vergangenen Jahrhunderts gebaut und führte vom Rifugio Doss dei Gembri bis auf etwa 2.800 Meter Höhe. Von dort aus sollte es weitergehen bis zum 3.330 Meter hohen Colle Vioz und zum dahinter liegenden Offengletscher. Doch aus den Plänen wurde nichts, da Lawinen in den frühen 1980ern den Lift zerstörten.

Erst mit der Eröffnung der Funifor Pejo 3000 mit ihren Kabinen für jeweils 100 Personen wurde das Val della Mite im Januar 2011 wieder reaktiviert. Die Abfahrt ist das Aushängeschild des im Jahr 1967 eröffneten, familienfreundlichen Skigebiets. Ein skifahrerischer Leckerbissen mit durchwegs feinen Hängen, die offiziell als rot und damit mittelschwer eingestuft sind. Aufgrund der Länge und einem maximalen Gefälle von rund 40 Prozent wäre aber auch die Klassifizierung als schwarze Piste berechtigt.

Viele sind Wiederholungstäter und schwingen bei der Talstation der Funifor ab, um gleich wieder nach oben zu shutteln. Andere ziehen durch und carven in weiten Schwüngen weiter nach Peio Fonti mit der Therme – mit 8 Kilometern Länge und einem Höhenunterschied von 1.600 Metern gehört das Val della Mite zu den längsten Abfahrten des Trentino.

Skigebiet 1.400–2.986 Meter, 6 Lifte (Komfort: 6,49/10), 20 Kilometer Abfahrten (Komfort: 5,02/10), 90 Prozent beschneit | **Abfahrtstyp** Piste mittelschwer (beschneit) | **Schneebericht** www.skipejo.it | **Skisaison** Anfang Dez.–Anfang April | **Anreise** ab Füssen 323 Kilometer via Brenner, vom Flughafen Verona 173 Kilometer, vom Bahnhof Mezzocorona 64 Kilometer | **Tipp** Zum Après-Ski zieht es die Locals in die Sandwich Bar, während die Gäste das benachbarte Bochèr Après-Ski oder Wellness in der Therme (www.termepejo.it) bevorzugen. Das dort verwendete Wasser kommt aus drei Quellen – die Antica Fonte Pejo etwa ist stark eisenhaltig und frei von schwefelsaurem Kalk – und wurde bereits im Jahr 1549 genutzt.

48 Der Canalone Miramonti
Tombas Wohnzimmer

Das 3-Tre (sprich »Tre-Tre«) ist einer der Klassiker des alpinen Skirennsports, der über den Beginn der Weltcup-Ära hinaus bis in die 1950er Jahre zurückreicht. Der Name bezieht sich auf die Tatsache, dass ursprünglich jeden Winter auf drei verschiedenen Rennstrecken im Trentino nacheinander Rennen in drei verschiedenen Disziplinen stattfanden. Im Jahr 1957 wurden sie zum ersten Mal auf der Strecke des Canalone Miramonti in Madonna di Campiglio ausgetragen.

Die ursprünglichen 3-Tre-Rennen, die in der Regel aus einer Abfahrt, einem Riesenslalom und einem Slalom bestanden, wurden zwischen Januar und März veranstaltet und zählten zu den Rennen der höchsten Kategorie, bevor 1967 der FIS-Weltcup eingeführt wurde. Das Drei-Etappen-Rennen wurde bis zur Saison 1985/86 beibehalten. Danach schaffte es nur noch das mondäne Madonna di Campiglio regelmäßig in den Weltcup-Kalender. Zuletzt mit einem Nachtrennen unter Flutlicht für die besten Slalomfahrer der Welt.

Der Slalomhang Canalone Miramonti gilt als extrem anspruchsvoll. Er steigt direkt über dem Zentrum von Madonna di Campiglio empor, überwindet auf 500 Metern Länge 180 Höhenmeter. Obwohl das Rennen nicht mehr jeden Winter stattfindet, ist die Liste der ehemaligen Sieger ein Who's who der größten Skirennfahrer der Geschichte. Ingemar Stenmark gewann zwischen 1974 und 1983 fünf Mal, die italienische Slalomlegende Alberto Tomba holte sich den Titel in den Jahren 1987 und 1988. Gigant Marcel Hirscher siegte 2012, 2014 reihte sich Felix Neureuther in die Siegerliste ein.

Oberhalb des Canalone Miramonti befindet sich eine weitere Piste namens 3-Tre. Auf ihr wurden früher Abfahrtsrennen durchgeführt. Sie startet in 2.150 Metern Höhe und überwindet auf 2,5 Kilometern Länge 600 Höhenmeter, liegt schon morgens in der Sonne und direkt gegenüber den eindrucksvollen Felstürmen der Brenta-Dolomiten – das ist pures Dolce Vita auf Skiern.

Skigebiet 852–2.504 Meter, 56 Lifte (Komfort: 7,13/10), 129 Kilometer Abfahrten (Komfort: 4,06/10), 95 Prozent beschneit | Abfahrtstyp Piste schwer (beschneit) | Schneebericht www.ski.it | Skisaison Mitte Dez.–Mitte April | Anreise ab Füssen 323 Kilometer via Brenner, vom Flughafen Verona 176 Kilometer, Bahnhof Daolasa-Commezzadura mit direkter Seilbahnanbindung | Tipp Bei einem Besuch Ende Februar hat man die Möglichkeit, formelle Kleidung aus der Zeit der österreichisch-ungarischen Monarchie zu leihen und damit Ski zu fahren. So erinnert man hier während des »Habsburg-Karnevals« an den Besuch von Kaiser Franz Joseph und Sisi in den 1890er Jahren.

49 Die Di Prampero
Himmlisch cruisen mit himmlischem Beistand

Das abschließende Bergzeitfahren der 106. Auflage des Radsportklassikers Giro d'Italia führte im Mai 2023 von Tarvisio auf den Monte Lussari. Beeindruckend daran war neben der extremen Steigung, die sich die Radrennfahrer hinaufquälten, vor allem die wunderschöne Kulisse des auf dem Gipfel des 1.789 Meter hohen Bergs thronenden Santuario del Monte Lussari. Die alles überragende Wallfahrtskirche stammt aus dem 16. Jahrhundert. Dank der Achter-Gondelbahn von Tarvisio zum Monte Lussari gelangen Pilger, Ausflügler und im Winter Skifahrer etwas bequemer zum Heiligtum als die zum Treten verdammten Giro-Teilnehmer.

Im Gegensatz zu diesen ist Skifahrern auch eine rasante Abfahrt vergönnt. Die teils mehr als 100 Meter breite Di Prampero folgt schnörkellos der Trasse der Gondelbahn, überwindet auf 3,6 Kilometern Länge 939 Höhenmeter und ist dank makelloser Präparierung trotz ihrer schwarzen Markierung eher mittelschwer. Fortgeschrittene Skifahrer können hier jedenfalls richtig Gas geben und aufgrund der schnellen Aufstiegshilfe ihrem Konto im Handumdrehen Tausende Höhenmeter hinzufügen.

Da kann man sich auch die Zeit nehmen, die Skier kurz abzustellen und die paar Schritte zur Kirche hinaufzusteigen, um dort in eine andere, so gar nicht rastlose Welt einzutauchen. Die Gesänge der Pilger bescheren einen magischen Moment. Die Kirche wird auch die »der drei Völker« genannt, da sie ein Wallfahrtsort für Menschen dreier Sprachgruppen ist: der germanischen, der romanischen (mit Friaulisch und Italienisch) und der slawischen. Das Dreiländereck von Italien, Österreich und Slowenien ist nur einen Steinwurf entfernt.

Tritt man aus der Kirche heraus, zeigt sich, was für ein großartiger Aussichtsberg der Monte Lussari ist: Im Osten ragen die Felstürme der Julischen Alpen auf, im Norden die Karawanken und im Südwesten die dunkle Nordwand des 2.754 Meter hohen Jôf di Montasio mit seinen Wandfußgletschern – einfach himmlisch.

Skigebiet 754–1.752 Meter, 11 Lifte (Komfort: 6,71/10), 28 Kilometer Abfahrten (Komfort: 4,67/10), 100 Prozent beschneit | **Abfahrtstyp** Piste schwer (beschneit) | **Schneebericht** www.turismofvg.it/de/berg365 | **Skisaison** Mitte Dez.–Ende März | **Anreise** vom Grenzübergang Salzburg 220 Kilometer via Tauernautobahn (A10), Villach, A2 und Arnoldstein, vom Flughafen Klagenfurt 73 Kilometer, Bahnhof in Tarvisio | **Tipp** Dank neuer Autobahn und Bahntrasse ist Tarvisio vom Durchgangsverkehr befreit. Die alte Bahntrasse wurde in einen Radweg umfunktioniert und ist Teil der Fernroute Alpe Adria von Salzburg ans Mittelmeer. Wer im Frühjahr zum Skifahren ins Friaul kommt, kann Wintersport am Morgen mit ausgedehnten Radtouren am Nachmittag kombinieren. Ab Tarvisio geht es Richtung Süden nur noch bergab, der Abschnitt entlang des Tagliamento, eines der letzten Wildflüsse der Alpen, ist besonders eindrucksvoll.

ITALIEN, ALPEN, CORTINA D'AMPEZZO, TOFANA

50 Die Olimpia delle Tofane
Doppelt olympisch geadelt

Das wuchtige Felsmassiv der Tofana beherrscht die Kulisse des mondänen Wintersportorts Cortina d'Ampezzo. Die skifahrerischen Höhepunkte befinden sich allerdings eine Etage tiefer, am Fuß der Felswände, die auf einigen Abfahrten buchstäblich zum Greifen nah sind. Etwa auf der Olimpia delle Tofane, auf der bereits die Herren-Abfahrt der Olympischen Winterspiele 1956 ausgetragen wurde. Seit dem Jahr 1993 ist die auch kurz als Stratofana oder Tofana bezeichnete Strecke jeden Januar Schauplatz der Weltcuprennen der Damen. Ein Klassiker, auf dem auch die Abfahrt der Frauen bei der Ski-Weltmeisterschaft 2021 durchgeführt wurde. Mit den Olympischen Winterspielen Milano-Cortina 2026 steht bereits das nächste Großereignis auf dem Programm.

Das bekannteste Motiv bietet die Piste gleich nach dem Start, wenn sie sich verengend in einen Steilhang kippt, der von senkrechten Felswänden begrenzt ist. Der sogenannte Tofanaschuss ist eine spektakuläre Passage, die man bei der bequemen Bergfahrt mit der Sesselbahn Duca d'Aosta-Pomedes oder von der Sonnenterrasse des Rifugio Duca d'Aosta ausgiebig studieren kann. Auch wenn die Schlüsselstelle nur rund 150 Meter lang ist und einen guten Auslauf hat: Mit einem Gefälle von über 40 Grad ist dieser Abschnitt für einige eine echte Herausforderung.

Für die Männer wurde im Rahmen der Ski-Weltmeisterschaft 2021 eine neue Speedstrecke gebaut. Der Start der »Pista Vertigine« befindet sich etwas oberhalb der Olimpia delle Tofane am Fuß der Felswände und kann nur zu Fuß erreicht werden. Eine der Schlüsselstellen ist der nach dem Abfahrer Kristian Ghedina benannte Sprung in einen Steilhang mit knapp 70 Prozent Gefälle, bei dem Weiten um die 60 Meter erreicht werden. Mit Sicherheit eine außergewöhnliche Strecke, aber landschaftlich kann sie der Olimpia delle Tofane mit dem Tofanaschuss nicht ganz das Wasser reichen.

Skigebiet (mit Sella Ronda) 1.217–3.270 Meter, 180 Lifte (Komfort: 6,92/10), 444 Kilometer Abfahrten (Komfort: 4,57/10), 90 Prozent beschneit | Abfahrtstyp Piste schwer (beschneit) | Schneebericht www.freccianelcielo.com | Skisaison Anfang/Mitte Dez.–Mitte/Ende April | Anreise vom Grenzübergang Mittenwald 189 Kilometer via Brenner und Bruneck, vom Flughafen Venedig 178 Kilometer, vom Bahnhof Toblach 32 Kilometer | Tipp Es empfiehlt sich ein Bummel auf dem Corso Italia, der Fußgängerzone Cortinas. Einkäufe in den noblen Boutiquen lassen die Urlaubskasse beträchtlich schrumpfen, dafür ist der Blick auf Nerz und Zobel, Fuchs und Luchs und ihre Träger umsonst.

51 Die Pilat
Wiedergeburt nach 22 Jahren

Die Seiser Alm, die größte Hochalm Europas, galt dank ihrer schneesicheren Höhenlage und ihrer weiten, offenen Hänge schon um 1900 als ideales Skigebiet. Lifte gab es zu dieser Zeit natürlich noch keine, die Skifahrer mussten aus den Dörfern im Tal per Ski aufsteigen. Mit der Inbetriebnahme der Seilbahn von St. Ulrich auf die Seiser Alm im Jahr 1935 entfiel der mühsame Aufstieg, und schon im Winter 1938/39 wurde die erste Liftanlage nur für Skifahrer eröffnet, der Schlittenlift »Slittovia Joch-Panorama«.

Am Ende des Skitags mit der Seilbahn ins Tal zu fahren, war damals wie heute unehrenhaft. An eine direkte Abfahrt durch den dicht bewaldeten, felsigen Steilhang, an dem die Seilbahn emporführte, war zwar nicht zu denken, aber es gab den schmalen, ausgesetzten und teils auch recht steilen Fahrweg, der bei ausreichend Schnee eine Alternative zur Talfahrt in der Gondel bot.

Als die alte Pendelbahn 1999 durch eine Umlaufbahn mit 2.200 Personen Förderleistung ersetzt wurde, unterband man die Befahrung dieser Abfahrt. Es wäre zu gefährlich gewesen, derart viele Menschen auf die dafür nicht geeignete Naturabfahrt zu lassen – der Traum von einer Talabfahrt nach St. Ulrich lebte aber weiter.

Am 8. Dezember 2021 wurde er Wirklichkeit. Nach mehrjähriger Planung und mehr als zwei Jahren intensiver Bauarbeiten wurde die Piste Pilat eröffnet. Sie folgt der Trasse des alten Fahrwegs und führt in spektakulärer Linie kurvenreich durch die felsigen Wälder hinunter ins Grödnertal. Die über weite Strecken ihrer insgesamt 4,7 Kilometer Länge weniger als 10 Meter breite Piste sollte man unbedingt am Vormittag befahren, denn nur leer und ohne Buckel kann die Pilat ihr Potenzial voll ausspielen. Sie nicht durch die Wahl der bis zu 60 Prozent steilen, schwarz ausgewiesenen Direttissima-Variante abzukürzen, ist zwar nicht unehrenhaft, aber auf den Fahrspaß bezogen ganz und gar unvernünftig.

Skigebiet 1.227–2.221 Meter, 23 Lifte (Komfort: 6,52/10), 71 Kilometer Abfahrten (Komfort: 5,80/10), 100 Prozent beschneit | Abfahrtstyp Piste mittelschwer (beschneit) | Schneebericht www.seiseralm.it | Skisaison Anfang Dez.–Mitte April | Anreise von Füssen oder Kiefersfelden via Brenner und Brixen 210 beziehungsweise 185 Kilometer, vom Bahnhof Brixen 30 Kilometer | Tipp Viele Gäste reisen im Winter ohne Skier auf die Seiser Alm, denn kaum irgendwo sonst lassen sich so herrliche und so ausgedehnte Winterwanderungen unternehmen. Beliebt ist der 3,4 Kilometer lange Weg von Saltria hinauf zum Berghaus Zallinger und zur gleichnamigen Kirche. Für den Rückweg kann man sich am Berghaus einen Schlitten ausleihen.

52 Die Pezid-Vertikal
Im Rausch der Geschwindigkeit

Das Tiroler Skigebiet Serfaus-Fiss-Ladis ist *das* Familienskigebiet der Alpen. Auf einer sonnigen Bergterrasse gelegen, ist das Dörfchen Serfaus autofrei (die einzige Dorf-U-Bahn der Alpen übernimmt den innerörtlichen Verkehr), verfügt über diverse spezialisierte Familienhotels, großzügige Kinderländer und mehrere »Fun Areas« (Österreichs Skigebiete lieben Anglizismen) mit Tunnels, Steilkurven, allerlei Figuren oder Sprüngen. Während die Kinder bis zum zwölften Lebensjahr noch begeistert mit Mama und Papa in den Skiurlaub fahren und die Skilehrerin die persönliche Heldin ist, tun Teenager dieses Urlaubsmodell tendenziell als uncool ab. Für Skigebiete ist es eine Herausforderung, diese Heranwachsenden bei der Stange zu halten.

Ein probates Mittel ist es, ihnen Gelegenheit für kontrollierte Abenteuer zu bieten, Orte, an denen sie sich ausprobieren können, am besten unter den Augen Gleichaltriger. Neben Slalomparcours, auf denen automatisch ein Video gedreht wird, das man direkt aufs Smartphone geladen bekommt, sind Skirouten und schwarz markierte Pisten solche Orte. Serfaus hat davon eine ganze Menge, und aus dieser ragt eine in besonderer Weise heraus: die Pezid-Vertikal.

Sie ist mit durchschnittlich 52 Prozent Neigung nicht die allersteilste Piste, aber ihr Profil prädestiniert sie dafür, Grenzen auszutesten. Sie stürzt vom Gipfel des Pezid so konsistent wie ein schräg gestelltes Brett in die Tiefe, um dann in einen langen Auslauf zu münden, der sanft konkav bis in die Horizontale gleitet. Das bedeutet, dass man es hier mal so richtig laufen lassen kann.

Und je nachdem, wie weit oben man die Skier in die Vertikale schwenkt, zeigt das GPS-Gerät wenig später dann eine mehr oder weniger selbstdarstellungstaugliche Geschwindigkeit an. Liegt diese jenseits des Autobahn-Tempolimits in den meisten europäischen Ländern, gehen Selfies mit GPS-Display und breitem Grinsen in die sozialen Netzwerke.

Skigebiet 1.210–2.820 Meter, 38 Lifte (Komfort: 7,53/10), 173 Kilometer Abfahrten (Komfort: 3,89/10), 80 Prozent beschneit | Abfahrtstyp Piste schwer (nicht beschneit) | Schneebericht www.serfaus-fiss-ladis.at | Skisaison Anfang Dez.–Mitte April | Anreise von Füssen 100 Kilometer via Fernpass, vom Flughafen Innsbruck 92 Kilometer, vom Bahnhof Landeck 27 Kilometer (Busverbindung) | Tipp Von der Bergstation der Komperdellbahn verläuft eine vier Kilometer lange Rodelstrecke bis zur Talstation in Serfaus. Steile Passagen, gut gesicherte Kurven und ein spektakulärer Weitblick in das Tal zeichnen die Strecke aus. Bevor es auf dem Schlitten bergab geht, laden zahlreiche Hütten zur Einkehr ein. Jeden Mittwoch ist die Strecke von 18.30 bis 22 Uhr beleuchtet.

53 Die Standard
Nostalgie pur

Billy Wilder stellte ihn sich träumerisch als Quell des Rauschens vor, als er Ende der 1920er Jahre in Berlin als junger Journalist in einem winzigen Zimmer »Wand an Wand mit einer ständig rauschenden Toilette« lebte: den vom Graukogel hinabstürzenden Wasserfall von Bad Gastein. Direkt aus seiner tosenden Gischt emporzuwachsen scheinen die vielstöckigen klassizistischen Häuserfronten, die man ebenso wie die den Wasserfall anmutig überspannende Brücke eher in einer weltläufigen Residenzstadt wie Wien verorten würde. Für Wilder war dieses Aufeinanderprallen von Natur und Kultur eine allegorische Antinomie. Eine allerdings, die er verfluchte, weil sie ihm ebenso wie das Berliner Klo den Schlaf raubte. Das war anno 1957, als er sich, zwischenzeitlich zum erfolgreichen Hollywood-Regisseur aufgestiegen, endlich ein Zimmer in der Herberge seiner Träume leisten konnte: dem altehrwürdigen, 1842 direkt über dem Wasserfall erbauten Grandhotel Straubinger, das im Herbst 2023 nach Jahrzehnten des Leerstandes wieder eröffnet wurde.

Als Wilder in Bad Gastein kurte, erlebte der Ort wegen des aufkommenden Skitourismus gerade eine Blüte. Im folgenden Winter sollte die Alpine Ski-Weltmeisterschaft über die Pisten des Graukogels gehen und Toni Sailer dank dreier Goldmedaillen Legendenstatus einbringen. Wie so viele Winkel Bad Gasteins weckt auch der Graukogel nostalgische Gefühle. Statt Express-Liften gibt es hier altehrwürdige Doppelsesselbahnen, statt technischem Schnee ausschließlich vom Himmel gefallenes Weiß, und da die Anbindung an den Skigroßraum Schlossalm-Stubnerkogel fehlt, verirren sich so wenige Skifahrer auf die Pisten des Graukogels, dass man die fast für sich hat. Was großartig ist, wenn man auf den Spuren von Toni Sailer ganz im eigenen Rhythmus die breite, windgeschützte Standard hinunterpreschen will. Wegen der sie säumenden Bäume macht das auch dann Spaß, wenn Nebel die Skifahrer drüben am Stubnerkogel im Whiteout herumirren lässt.

Skigebiet 1.079–2.007 Meter, 3 Lifte (Komfort: 4,09/10), 14 Kilometer Abfahrten (Komfort: 4,80/10), 0 Prozent beschneit | Abfahrtstyp Piste mittelschwer (nicht beschneit) | Schneebericht www.skigastein.com | Skisaison Ende Dez.–Ende März | Anreise vom Grenzübergang Salzburg (A8) 96 Kilometer via A10, vom Flughafen Salzburg 96 Kilometer, Bahnhof in Bad Gastein | Tipp Wohl niemand sonst kann die spannenden und amüsanten Anekdoten aus der jahrhundertelangen Geschichte Bad Gasteins so mitreißend erzählen wie die passionierte Ortsführerin Elisabeth Kröll. Ein Spaziergang mit ihr zu all den historischen Stätten des mondänen Kurorts Bad Gastein, dessen altes Zentrum gerade eine Art Wiedergeburt erlebt, ist so lehrreich wie unterhaltsam.

ÖSTERREICH, ALPEN, OBERTRAUN, KRIPPENSTEIN

54 Die Krippensteinabfahrt
Endlosrun im österreichischen Fjordland

Die Dachstein Rieseneishöhle war schon im späten 19. Jahrhundert ein Touristenmagnet. Um den mühsamen Aufstieg von Obertraun am Hallstätter See zu erleichtern, eröffnete man 1951 die Dachsteinseilbahn. Fünf Jahre später folgte Sektion 2 hinauf zum 2.108 Meter hohen Krippenstein. Der bot eine phantastische Aussicht über das Salzkammergut und den See, der, eingerahmt von hoch aufstrebenden, senkrechten Felswänden, wie ein norwegischer Fjord aussieht. Mit seinen 972 Zentimetern Schneefallmenge und 238 Schneetagen zog der Krippenstein bald auch Skifahrer an. Anfangs führten bloß wilde Naturabfahrten talwärts, erst Ende der 1960er Jahre legte man eine reguläre Piste an.

Weil es bei dieser einen Piste blieb und der Krippenstein damit ein vergleichsweise winziges Skigebiet ist, wird er von vielen Skifahrern gar nicht wahrgenommen. In Kombination mit der Förderleistung der 2007 erneuerten Bahn (an Wochentagen gerade mal 240 Personen pro Stunde) und dem Umstand, dass ein großer Teil der Passagiere ins freie Gelände abbiegt, führt das dazu, dass man diese Piste regelmäßig ganz für sich allein hat.

Und es ist nicht irgendeine Piste. Mit gemessenen 8,5 Kilometern Länge und 1.479 Höhenmetern sind schon die nackten Zahlen eindrucksvoll. Dazu kommt die großartige Landschaft mit dem anfänglichen Blick zu den Gletschern des Dachsteinmassivs, dem canyonartigen Abschnitt durch die kahle Karstlandschaft des weiten Hochplateaus, dem märchenhaften Winterwald unterhalb der Gjaidalm und den absolut rassigen, kurvenreichen, selektiven letzten Kilometern ab Krippenbrunn mit dem See im Visier. Wenn man dann noch bedenkt, dass man mit den Pendelbahnen in nur 14 Minuten zurück zum Start gelangt, dann ergibt das eine Abfahrt, die man mit Fug und Recht zu den zehn besten Pisten der Welt zählen kann, die auch Normalskifahrer wirklich genießen können.

Skigebiet 600–2.079 Meter, 8 Lifte (Komfort: 6,27/10), 10 Kilometer Abfahrten (Komfort: 7,48 /10), 60 Prozent beschneit | Abfahrtstyp Piste mittelschwer (untere Hälfte beschneit) | Schneebericht www.dachstein-salzkammergut.com | Skisaison Anfang Dez.–Mitte April | Anreise vom Grenzübergang Salzburg 82 Kilometer via Pass Gschütt, vom Flughafen Salzburg 84 Kilometer, Bahnhof in Obertraun | Tipp Klar, Hallstatt ist ein touristischer Hotspot, aber im Winter gibt es selbst hier ruhige Tage, und schließlich ist der mit einer unvergleichlich schönen Lage gesegnete Ort nicht umsonst UNESCO-Weltkulturerbe. Diesen Status verdankt Hallstatt vor allem dem Salzabbau, der hier ab 800 vor Christus eine kulturelle Blüte auslöste, die einem ganzen Abschnitt der Eisenzeit ihren Namen gab: der Hallstattzeit. Perfekt inszeniert ist das Thema in den Salzwelten, deren Höhepunkt die Fahrt per Grubenbahn ins Salzbergwerk darstellt.

ÖSTERREICH, ALPEN, SCHLADMING, 4-BERGE-SKISCHAUKEL

55 Die FIS-Abfahrt Planai
Steilhang in den Hexenkessel

Als im Dezember 1966 der Skibetrieb auf der maßgeblich von Sepp Streicher und Sepp Kraiter gestalteten FIS-Abfahrt Planai aufgenommen wurde, gab es noch keine Seilbahn auf den Hausberg von Schladming. Der Transport erfolgte über die Bergstraße mit bis zu 35 Autobussen – holprig, eng, dunstig, »aber immer a Gaudi«, wie es im Archiv der Planai Bergbahn heißt. Die löste 1972 die Busse ab. Ein Jahr später ging die erste Weltcup-Abfahrt der Herren über die Planai. Der Sieger Franz Klammer bewältigte sie mit durchschnittlich 111,22 Stundenkilometern, was die bis dahin höchste Durchschnittsgeschwindigkeit in einer Weltcup-Abfahrt bedeutete.

1982 und noch einmal 2013 war die Planai Schauplatz der Alpinen Ski-Weltmeisterschaften, Kultstatus erlangte sie durch das seit 1997 ausgetragene Night Race. Dieser Slalom der Männer wird alljährlich im Januar am Dienstag nach dem Kitzbüheler Hahnenkamm-Rennen unter Flutlicht ausgetragen. Mit 45.000 Zuschauern im Hexenkessel des Zielstadions und entlang des unteren, extrem steilen Abschnitts der Planai-Piste gilt es als das am besten besuchte Einzelrennen der Weltcup-Tour. Die Einschaltquote im österreichischen TV liegt bei über 20 Prozent. 2023 fand erstmals auch ein Weltcup-Riesenslalom bei Flutlicht statt.

Wenn die Planai nach dem Rennen wieder für den Publikumsskilauf geöffnet ist, kann man sie in ihrer ganzen Länge von 3.450 Metern fahren und sich daran erfreuen, was die Schladminger Pioniere vor fast 60 Jahren geschaffen haben: die Grundlage für ein rauschhaftes, ununterbrochenes Flow-Erlebnis vom Starthaus der Abfahrtsrennen in 1.753 Metern Höhe bis hinab ins Dorf. Das ist trotz Schladmings geringer Höhe zuverlässig den ganzen Winter möglich, denn beschneit wird maximal konsequent. Kommt der Frost früh, startet der Skibetrieb auch schon mal im Oktober. Die Macher an der Planai waren eben schon immer passionierte Skifahrer.

Skigebiet 728–2.015 Meter, 44 Lifte (Komfort: 7,48/10), 135 Kilometer Abfahrten (Komfort: 3,75/10), 100 Prozent beschneit | Abfahrtstyp Piste schwer (beschneit) | Schneebericht www.planai.at | Skisaison Anfang Dez.–Mitte April | Anreise vom Grenzübergang Salzburg (A8) 88 Kilometer via A10, Eben im Pongau, Radstadt, vom Flughafen Salzburg 92 Kilometer, Bahnhof in Schladming | Tipp Dank des in der Regel frühen Saisonstarts kann man Skifahren an der Planai mit einem Besuch der von Ende November bis 24. Dezember stattfindenden Schladminger Bergweihnacht verbinden. Neben dem Weihnachtsmarkt »Advent am Talbach« (jeweils Fr–So) umfasst diese zahlreiche weitere stimmungsvolle Veranstaltungen wie beispielsweise die Illumination der Talbachklamm.

56 Die Podkoren
Rasanz im Schatten des Vitranc

Planica, Pokljuka und Kranjska Gora – die Namen der Weltcup-Orte für Skifliegen, Biathlon, Slalom und Riesenslalom sind wohl die spontansten Assoziationen beim Stichwort Wintersport in Slowenien. Und natürlich die Namen alpiner Legenden von Bojan Križaj bis Tina Maze. Das kleine Land in der südöstlichen Ecke der Alpen hat viele Renn-Asse hervorgebracht.

Daran hat auch die Sesselbahn auf den Vitranc, den 1.557 Meter hohen Hausberg von Kranjska Gora einen Anteil. Staatsoberhaupt Marschall Tito persönlich eröffnete die Bahn anno 1951. Sie bedient eine brutal steile Abfahrt in der oberen Etage des Bergs, die nur als Variante für sehr versierte Skifahrer taugt. Alle anderen Anlagen führen bloß bis auf die halbe Höhe des Bergs, Pisten finden sich nur auf den unteren Hängen am Saum des Vitranc aufgereiht. Auf dem Plan wirkt das alles andere als ansprechend.

Doch der Eindruck täuscht. Nahe der Talstation der 2022 erneuerten Sesselbahn zum Vitranc liegt das Starthäuschen, aus dem sich schon 1968 erstmals Weltcup-Rennfahrer in die auch noch ziemlich steile Podkoren-Piste stürzten. Sie zählt mit 442 Höhenmetern und bis zu 59 Prozent Gefälle zusammen mit dem Hang in Adelboden zu den anspruchsvollsten Riesenslalom-Pisten auf der Tour. Alberto Tomba gewann hier fünf Mal, Rekord-Gesamtweltcupsieger Marcel Hirscher sechs Mal.

Dank der schattigen Nordlage präsentiert sich der Schnee hier auch lange nach dem letzten Schneefall noch absolut griffig. Und weil Anfänger und Familien (die lieber auf den sonnigen Skiwiesen am Ortsrand bleiben) das Gros von Kranjska Goras Gästen stellen, finden nur wenige Skifahrer den Weg hierher. Steil, griffig, leer – das sind die idealen Voraussetzungen für gecarvte Hochgeschwindigkeitskurven, die die Glückshormone nur so sprudeln lassen. Die Podkoren zeigt eindrucksvoll, dass ein Mangel an Massen von Abfahrten leicht zu verschmerzen ist, wenn nur bei einer die Klasse stimmt.

Skigebiet 807–1.556 Meter, 13 Lifte (Komfort: 5,05/10), 20 Kilometer Abfahrten (Komfort: 4,94/10), 80 Prozent beschneit | Abfahrtstyp Piste schwer (beschneit) | Schneebericht www.ski-kranjska-gora.com | Skisaison Anfang Dez.–Anfang April | Anreise ab Salzburg 210 Kilometer via Villach und Tarvisio, vom Flughafen Klagenfurt 65 Kilometer, Bahnhöfe in Tarvisio und Villach | Tipp Slowenien ist ein Paradies für Liebhaber von Natursportarten, und auch im Winter gibt es mehr zu erleben als nur die Pisten und Freeride-Areale. So bietet die Mlačca-Schlucht unweit von Kranjska Gora hervorragende Möglichkeiten zum Eisklettern. Helme, Eisaxt, Steigeisen und Gurtzeug kann man ausleihen, und professionelle Einweisung wird ebenfalls angeboten (www.lednoplezanje.com).

57 Die Krnica
Grenzquerung mit Hindernissen

Mit keiner anderen Bahn gelangt man in Slowenien in derart hochalpines und schneereiches Gelände wie mit der 1973 gebauten Vierergondelbahn von Bovec hinauf ins Kaninmassiv. Oben angekommen, kann man sich gar nicht sattsehen an der großartigen Szenerie der hoch aufragenden Kalksteinformationen, dem Blick über die vorgelagerten Bergketten bis zum Golf von Triest und natürlich dem Panorama der Julischen Alpen mit dem Triglav.

Viel Platz für Pisten bietet die wilde, häufig senkrechte Topografie nicht. Daher war schon zu jugoslawischen Zeiten eine Verbindung hinüber ins Skigebiet Sella Nevea im italienischen Friaul in Planung, wo es mit einigen langen Waldabfahrten die perfekte Ergänzung zum hochalpinen Terrain auf der slowenischen Seite gibt. Erst 2009 wurde der Anschluss mit dem Bau einer Seilbahn auf italienischer Seite endlich realisiert. Dummerweise brach im Januar 2013 eine Stütze von Bovecs Zubringerbahn, die daraufhin für vier Jahre stillstand.

Das verschlechterte die ohnehin nicht rosige wirtschaftliche Lage der Bahn: Immer weniger Gäste waren bereit, eine 40-minütige Gondelfahrt in Kauf zu nehmen, um eine bescheidene Auswahl an Pisten zu erreichen. Aber dann kam der Freeride-Boom, und für das Klientel mit den breiten Skiern bietet das reich gegliederte, verkarstete Kaningebiet eine Vielzahl verborgener, teils extremer Varianten, wie jene durch das Felsenfenster Prestreljenisko okno hinunter nach Sella Nevea. Puren Genuss verheißt hingegen die Krnica, ein von Felswänden gesäumtes, knapp drei Kilometer langes Kar. An seinem von Wolken und Lawinen reichlich mit Schnee gefütterten Grund verläuft einer der schönsten Off-Piste-Runs der Alpen. Start ist an der Talstation der Sesselbahn Prevala, genau an der slowenisch-italienischen Grenze. Schluss ist an der Waldgrenze, von wo aus man über einen langen Skiweg zur Mittelstation der Zubringerbahn gelangt.

Skigebiet 985–2.305 Meter, 12 Lifte (Komfort: 5,73/10), 25 Kilometer Abfahrten (Komfort: 4,59/10), 80 Prozent beschneit | *Abfahrtstyp* Skiroute schwer (nicht beschneit) | *Schneebericht* www.kanin.si | *Skisaison* Anfang Dez.–Anfang Mai | *Anreise* ab Salzburg 245 Kilometer via Villach und Tarvisio, vom Flughafen Klagenfurt 99 Kilometer, Bahnhof in Tarvisio | *Tipp* Ein Geschwindigkeitserlebnis ohne eigenes Zutun verspricht der Zipline-Park in Bovec, der mit zehn Kabelrutschen angeblich der größte seiner Art in Europa ist. Die Linien summieren sich auf vier Kilometer Länge, und man fliegt während der 2,5-stündigen Tour mit bis zu 60 Stundenkilometern und in bis zu 200 Metern Höhe über dem Grund (www.zipline.si).

58 Die Žagarjev graben
Die längste im Angesicht des Höchsten

Vogel liegt im Süden des Triglav Nationalparks oberhalb des Sees von Bohinj. Das lang gestreckte Gewässer am Grund eines eiszeitlichen Trogtals wirkt wie ein westnorwegischer Fjord. Schon die Fahrt mit der Großkabinenbahn vom Seeufer auf die fast 1.000 Meter höher gelegene Felskanzel des Rjava skala (brauner Fels) ist ein Erlebnis. Fast scheint die senkrecht hinaufstechende Kabine die Felsen zu touchieren, immer umfassender wird der Blick über den See und den grandiosen Talschluss von Savica mit seinen Wasserfällen. Nichts für Menschen mit Höhenangst, die bei der Fahrt vor allem nicht daran denken sollten, dass die jungen Burschen aus dem Ort früher aus der Kabine zu springen pflegten, um in die steilen Powder-Rinnen unter der Bahntrasse zu gelangen.

Jenseits der Bergstation der 1964 eröffneten und 2001 erneuerten Seilbahn tritt man in eine andere Welt: Das sanft gewellte, fast baumfreie Karstplateau von Vogel gleicht einer tief verschneiten weißen Spielwiese. Zwischen den bestens gepflegten Pistenbahnen, von denen man einen prächtigen Blick auf Sloweniens höchsten Berg, den Triglav, hat, warten zahllose, wenn auch meist kürzere Varianten im freien Gelände.

Ganz und gar nicht kurz ist das Pisten-Highlight des Areals: Von einem Vorgipfel des Šija, erreichbar mit einem nostalgischen Einersessel, führt die Žagarjev graben aus rund 1.800 Metern Seehöhe bis fast an das Ufer des Bohinjsko jezero – mit 7,1 Kilometern Länge und 1.226 Höhenmetern die längste Skiabfahrt des Landes. Wer sie voll ausfahren will, schwingt zunächst über offene Hänge in Richtung des traumhaft gelegenen, aber leider leer stehenden Hotels neben der Seilbahn-Bergstation. Ab hier geht es auf blauer Piste durch den Wald bis Zadnji Vogel (1.305 Meter), bei Schneemangel im Tal das Ende der Piste. Es folgen abwechslungsreiche mittelschwere Hänge, bevor man schließlich über einen langen Waldweg zurück zur Talstation kommt.

Skigebiet 569–1.795 Meter, 9 Lifte (Komfort: 5,40/10), 18 Kilometer Abfahrten (Komfort: 5,71/10), teils beschneit | Abfahrtstyp Piste mittelschwer (teils beschneit) | Schneebericht www.vogel.si | Skisaison Anfang Dez.–Mitte April | Anreise ab Salzburg 260 Kilometer via Villach und die A11, vom Flughafen Klagenfurt 96 Kilometer, vom Flughafen Ljubljana 65 Kilometer, Bahnhof in Lesce | Tipp Am Ostufer des Sees liegt das Dorf Bohinj, dessen Kirche eines der klassischen slowenischen Postkartenmotive abgibt. Solche bietet auch Bled mit seinen Burgen und Kirchen, die auf Felsen über und im Bleder See thronen. Die im Sommer ziemlich überlaufenen Orte und Seeufer sind im Winter herrlich ruhig und ebenso schön.

KROATIEN, MEDEVEDNICA, ZAGREB, SLJEME

59 Die Crveni Spust
Wo die Kostelićs Skifahren lernten

Wird über die Zukunft des Skisports diskutiert, hört man stets, wie wichtig es sei, Kinder zu begeistern und ihnen den Zugang zu erleichtern, indem man Möglichkeiten zum Skifahren dort schafft, wo die Menschen wohnen. Dass das auch ohne sündhaft teure Skihallen geht, beweist man in der kroatischen Hauptstadt Zagreb. Die Pisten auf dem Nordhang des dortigen Hausbergs Sljeme waren schon immer ein beliebtes Ausflugsziel für Familien. Als der Ersatz der altersschwachen Seilbahn vom Stadtrand zum Berg anstand, beschloss man, die Talstation einen Kilometer hangabwärts zu verlegen, sodass sie nun direkt neben der Endhaltestelle der aus dem Stadtzentrum kommenden Straßenbahnlinie 15 liegt.

Von dort schwebt seit 2021 eine 5.017 Meter lange Zehnergondelbahn in knapp 20 Minuten durch Steineichen-, Buchen- und Tannenwälder zum höchsten Punkt des Gebirgszugs Medvednica (zu Deutsch: Bärenberg), dem 1.032 Meter hohen Sljeme. Dort sieht man gleich, welchen Effekt es hat, dass jedermann auch ohne Auto hierhergelangt: Es wimmelt in den Verleihgeschäften, den Berghütten und auf den Pisten nur so von Kindern. Die belegen hier am Wochenende Skikurse und wandeln damit auf den Spuren von Janica Kostelić, die in den 1980er Jahren am Sljeme das Skifahren lernte und mit viermal Gold und zweimal Silber zur erfolgreichsten Alpinen Skirennläuferin der olympischen Geschichte avancierte. Nebenbei gewann sie dreimal den Gesamtweltcup und fünf WM-Titel. Ihr älterer Bruder Ivica holte immerhin einen WM-Titel und vier olympische Silbermedaillen.

Im Januar 2005 fand zu Ehren von Janica Kostelić am Sljeme der erste Damen-Weltcup-Slalom Kroatiens statt. Seitdem wird die sogenannte »Snow Queen Trophy« jeden Winter Anfang Januar ausgetragen. Bis zu 20.000 Zuschauer locken die Rennen an, darunter viele Kinder – und was könnte für die inspirierender sein als die rasanten Fahrten der weltbesten Rennläuferinnen.

Skigebiet 730–1.030 Meter, 3 Lifte (Komfort: 4,69/10), 4 Kilometer Abfahrten (Komfort: 4,17/10), 90 Prozent beschneit | **Abfahrtstyp** Piste mittelschwer (beschneit) | **Schneebericht** www.sljeme.hr | **Skisaison** Mitte Dez.–Anfang April | **Anreise** vom Grenzübergang Salzburg 417 Kilometer via Villach und Ljubljana, vom Flughafen Zagreb 21 Kilometer, Bahnhof in Zagreb | **Tipp** Das Erdbeben vom März 2020 hat dafür gesorgt, dass zahlreiche Monumente und Museen in Zagreb nach wie vor gar nicht oder nur eingeschränkt zugänglich sind. Trotzdem lohnt ein Bummel durch die Altstadt; ein Muss sind der Besuch in einem der wundervollen Cafés, die Fahrt mit der uralten Standseilbahn Uspinjača, das Steinerne Tor mit seinem Marienschrein und ein Spaziergang durch die Tunnel unter der Oberstadt.

BOSNIEN UND HERZEGOWINA, DINARIDEN, SARAJEVO, BJELAŠNICA

60 Die Olimpijski Spust
Einmal Hölle und zurück

Bill Johnson hatte seinen Sieg angekündigt und den Mund dabei nicht zu voll genommen: Auf der 3.066 Meter langen Herrenabfahrt der 14. Olympischen Winterspiele von Sarajevo gewann er als erster US-Amerikaner überhaupt eine Goldmedaille im alpinen Skifahren. Ganz überraschend war die Top-Platzierung des Newcomers nicht, hatte er doch kurz zuvor in seinem ersten Weltcup-Winter die legendäre Lauberhornabfahrt im schweizerischen Wengen für sich entschieden – wenn auch auf verkürzter Strecke.

Kurz war auch die Olimpijski Spust. Damit die Strecke überhaupt auf die geforderten 800 Höhenmeter kam, musste der Start vom Dach des Bergrestaurants auf dem Gipfel von Bjelašnica erfolgen. Wenige Jahre später war genau dieses Bergrestaurant das Letzte, was von dem eigens für die Olympischen Spiele erschlossenen Skigebiet noch übrig war. Während des von 1992 bis 1995 wütenden Bosnienkriegs verlief die Frontlinie im Tal zu Füßen des über 2.000 Meter hohen, baumfreien Bergkamms von Bjelašnica. Von hier aus nahmen serbische Truppen die Bosnier unter Beschuss, die metallenen Liftstützen waren willkommener Rohstoff für den Nachschub an Waffen und Munition.

Nach dem Krieg half zunächst gespendetes Material aus Österreich und der Schweiz, das Skigebiet neu aufzubauen. Dann erhielt Sarajevo den Zuschlag für die Europäischen Olympischen Jugend-Winterspiele 2019, und es setzte ein wahrer Bauboom ein. Neue Apartmenthäuser, Hotels und Liftanlagen wurden errichtet. Kurz nach dem Nachwuchs-Event übernahm ein Team aus passionierten Skifahrern das Management des Areals, das jahrzehntelang von einer Behörde mehr schlecht als recht verwaltet worden war. Jetzt sollen die in den 1980ern skizzierten Pläne umgesetzt und neben den Wettkampfstrecken weitere, vor allem für Anfänger geeignete Pisten entstehen. Die Olimpijski Spust wird so bleiben, wie sie ist: ein rassiges Stück alpiner Sportgeschichte.

Skigebiet 1.270–2.067 Meter, 10 Lifte (Komfort: 5,13/10), 17 Kilometer Abfahrten (Komfort: 4,96 /10), 80 Prozent beschneit | Abfahrtstyp Piste schwer (beschneit) | Schneebericht www.zoi84.ba | Skisaison Mitte Dez.–Anfang April | Anreise vom Flughafen Sarajevo 27 Kilometer | Tipp Sarajevo ist eine Reise wert. Die während der osmanischen Herrschaft entstandene Altstadt mit ihren Moscheen, Baklava-Läden und Cafés grenzt unmittelbar an die während der K.-u.-k.-Monarchie entstandenen klassizistischen Häuserfronten. Wenige Schritte sind es hier vom Orient ins alte Europa, wo Katholiken, orthodoxe Christen und Muslime jahrhundertelang friedlich miteinander lebten. Diese Toleranz bewahrten sich viele Bürger Sarajevos auch im Krieg. Was jedoch an Gräueln geschah, thematisiert auf bewegende Weise das Museum der Verbrechen gegen die Menschlichkeit.

61 Die Poljice
Es werde Licht

Sehr spacig wirken die Zehnergondeln mit ihren durch blaue Lichtstreifen illuminierten Silhouetten vor dem schwarzen Nachthimmel. Gleißend weiß strahlt hingegen der perfekt ausgeleuchtete Schnee auf der unter der Gondelbahn verlaufenden, eine Meile langen Piste Poljice. Das Flutlicht erhellt jede Unebenheit und jede Spur – perfekte Sichtverhältnisse, die es erlauben, auf dieser breiten Abfahrt einen Gang höher zu schalten und Geschwindigkeit zu genießen.

Perfektion ist ein Leitmotiv im modernsten Skigebiet Südosteuropas. Das merkt man außer an der zeitgemäßen Liftflotte an der vorbildlichen Beschilderung mit Panoramatafeln an jeder Bergstation, den inflationär platzierten Schnee-Erzeugern und der idealtypischen Trassierung der Pisten, deren Querprofile niemals hängen. Sechs Abfahrten sind als FIS-Wettkampfstrecken zertifiziert, auch das ein Qualitätsmerkmal. Über einige dieser Strecken gingen bei den Olympischen Spielen von Sarajevo die alpinen Rennen der Damen, die sämtlich in Jahorina stattfanden.

Während das Örtchen Trnovo, zu dem Jahorina administrativ gehört, während des Bosnienkriegs fast völlig zerstört wurde, war das Skigebiet noch weitgehend intakt. Dafür, dass dort oben trotzdem kein Stein auf dem anderen blieb, sorgten erst die massiven Investitionen der letzten Jahre. Ein Großteil des Geldes kommt aus Serbien, und es fließt auch in zahlreiche neue Hotels. Rund 20.000 Betten stehen entlang der Pisten zur Verfügung. Im Sommer ist das Skigebiet, an dem rund 3.500 Arbeitsplätze hängen, stets die größte Baustelle der Republika Srpska. Viele Gäste reisen aus Serbien an, genau wie aus dem übrigen Ex-Jugoslawien. Wenn Bosnier, Kroaten und Serben gemeinsam in der Gondel sitzen und einer einen Flachmann kreisen lässt, könnte man meinen, der Krieg sei Jahrhunderte her. Die immer noch zu beachtende Warnung vor Landminen zeigt aber, dass er immer noch nachwirkt.

Skigebiet 1.300 – 1.890 Meter, 13 Lifte (Komfort: 6,76/10), 33 Kilometer Abfahrten (Komfort: 4,48/10), 80 Prozent beschneit | Abfahrtstyp Piste leicht (beschneit) | Schneebericht www.oc-jahorina.com | Skisaison Anfang Dez.–Ende April | Anreise vom Flughafen Sarajevo 31 Kilometer | Tipp An der Bergstation der Gondelbahn Poljice eröffnete zur Saison 2022/23 die Olimpijski bar. Natursteinboden, viel Holz, Lounge-Möbel, bodentiefe Fenster und der große offene Kamin sorgen für ein gediegenes Ambiente, in dem man Cocktails trinken, gut speisen oder den hier regelmäßig stattfindenden Livekonzerten lauschen kann. Der angeschlossene Souvenirshop verkauft Produkte regionaler Erzeuger, die Bar ist jeden Abend bis 23 Uhr geöffnet.

62 Die Vukova Staza
Oldschool und dabei ziemlich cool

Das malerische Dorf Žabljak liegt am Fuß des über 2.500 Meter hohen Durmitor-Massivs, des höchsten und einzigen vergletscherten Gebirges Montenegros. Vier Kilometer südlich von Žabljak starten die Lifte in Richtung des 2.313 Meter hohen Gipfels des Savin Kuk. Der obere der beiden Sessellifte ist einer der steilsten der Welt und führt in eine Domäne aus Kalksteinfelsen, die an die Dolomiten erinnern. Von der Bergstation dieses Lifts gibt es nur eine schwarze, nicht präparierte Piste, die im Schatten einiger dieser Felswände in ein großes Tal hinabführt: die Vukova Staza. Die kann man durch einen 15-minütigen Aufstieg zur Spitze des Savin Kuk noch verlängern. Oder man biegt vom Gipfel ins freie Gelände ab, wo Varianten mit rund 800 Höhenmetern warten.

Das Skigebiet Savin Kuk liegt innerhalb der Grenzen des Durmitor-Nationalparks, der zum UNESCO-Weltkulturerbe gehört. Das verhinderte bislang die Vergrößerung des Skigebiets und die Modernisierung der Liftanlagen. Die alte Infrastruktur ist nicht unbedingt ein Nachteil. In der heutigen Zeit, in der viele der Top-Resorts ihre alten Lifte durch Sechs- und Achtsitzer oder Zehner-Gondeln ersetzt haben, stößt die Kapazität der Pisten dort oft an ihre Grenzen. Das Ergebnis sind überfüllte Hänge, viele Unfälle und eine Atmosphäre, die der in Freizeitparks ähnelt.

Die Kontaktaufnahme zur Natur, die ruhige Begegnung zwischen Skifahrer und Berg, bleibt auf der Strecke, wenn man an einer Bergstation neben 150 anderen Skifahrern in die Bindungen steigt, die Pisten wie wimmelnde Ameisenhaufen aussehen und der Pulverschnee abseits der Pisten in weniger als zwei Stunden zerfahren ist.

Auf Savin Kuk ist es noch immer möglich, Skifahren so zu erleben, wie es war, bevor es zu einem Industriezweig wurde. Der Preis dafür sind lediglich etwas längere Wartezeiten, entschleunigte Liftfahrten und der Verzicht auf ski-in/ski-out.

Skigebiet 1.515–2.212 Meter, 6 Lifte (Komfort: 4,56/10), 5 Kilometer Abfahrten (Komfort: 4,13/10), 0 Prozent beschneit | Abfahrtstyp Piste schwer (beschneit) | Schneebericht www.tcdurmitor.me | Skisaison Mitte Dez.–Anfang April | Anreise vom Flughafen Podgorica 129 Kilometer, vom Flughafen Dubrovnik 186 Kilometer | Tipp Die Tara-Schlucht ist Teil des Durmitor-Nationalparks. Mit 1.333 Metern ist sie die tiefste Schlucht Europas und ab dem Frühjahr ein beliebter Ort für Wildwasser-Rafting und Kajakfahren. Ganzjährig kann man die Schlucht mittels einer 1.050 Meter langen Zipline überqueren.

63 Die Pančićev vrh
Wo Djokovic den weißen Sport lernte

Fast wäre aus Novak Djokovic, der viele Jahre lang Platz eins der Tennis-Weltrangliste belegte und Serbiens erfolgreichster Sportler aller Zeiten ist, ein Skirennfahrer geworden. Seine Eltern betrieben ein Schnellrestaurant in Kopaonik, dem größten Skigebiet Südosteuropas und Ziel von Prominenz und Geldadel aus dem fünf Stunden entfernten Belgrad, russischen Lifestyle-Touristen und Besserverdienern aus Rumänien und Ungarn.

Der kleine Novak war ein sehr guter Skifahrer, was man in Serbien daran festmacht, wie schnell jemand fahren kann – auch für eine Rennfahrerkarriere das zentrale Kriterium. Doch im Grand Hotel & Spa, dem führenden Haus in der auf schneereichen 1.720 Metern Höhe gelegenen Hotelsiedlung am Berg, gab es seinerzeit eine Tennisakademie, wo Novak sich die Zeit vertrieb, wenn er nicht gerade Ski fuhr. Hier entdeckte ihn die Tennisspielerin Jelena Genčić, der Rest ist Tennisgeschichte. Dem anderen weißen Sport blieb Novak indes stets treu. Er kommt regelmäßig für 10 bis 14 Tage nach Kopaonik, bezieht das Zimmer 35 des Hotel Mount, und noch bevor es auf die Piste geht, verspeist er die ersten Sarma (Kohlrouladen), sein Lieblingsessen.

Vom Hotel geht's per Express-Sessel direkt auf das kahle Haupt des 2.017 Meter hohen Kopaonik-Massivs, eines allein stehenden Gebirgsstocks, der hoch über das Umland aufragt und eine phantastische Fernsicht bietet. Ganz oben startet die Pančićev vrh, eine rote, als Riesenslalom-Rennstrecke homologierte Piste. Sie bietet all jenen ideales Terrain, die es abwärts gern richtig schnell mögen – so wie Novak und fast alle seine Landsleute, die trotzdem meist ohne Helm unterwegs sind. Von der Baumgrenze aus führt die Piste hinein in den bald dichten Wald, der dick verschneit einen wunderschönen Rahmen für das rasante Abfahrtserlebnis auf den Spuren des in Serbien trotz seiner Eskapaden immer noch als Nationalheld verehrten Tennisstars.

Skigebiet 1.057–1.971 Meter, 22 Lifte (Komfort: 6,40/10), 63 Kilometer Abfahrten (Komfort: 4,49/10), 97 Prozent beschneit | Abfahrtstyp Piste mittelschwer (beschneit) | Schneebericht www.skijalistasrbije.rs/sr/o-centru-kopaonik | Skisaison Anfang Dez.– Ende April | Anreise vom Flughafen Belgrad 294 Kilometer, per Fernbus von Frankfurt 20 Stunden, tägliche Busverbindungen vom Hauptbahnhof Belgrad nach Kopaonik | Tipp Ausflüge in eines der nahe gelegenen Weingüter oder zu orthodoxen Klöstern sind ein Muss. Das mittelalterliche Kloster Studenica wird als Wiege des serbischen Königreiches angesehen und wurde 1986 zum UNESCO-Weltkulturerbe erklärt.

64 Die Piste Nummer 1
Um einen Schneesturm olympisch

Jugoslawien hatte den Zuschlag für die Ausrichtung der Olympischen Winterspiele von 1984 erhalten. Für den Fall von Schneemangel am Austragungsort Sarajevo war 280 Kilometer weiter südöstlich das schneesichere Skigebiet Brezovica als Ausweichmöglichkeit vorgesehen. Pünktlich zu den Spielen gab es in Sarajevo dann eher zu viel als zu wenig Schnee. Schade für Brezovica, aber kein Beinbruch. Die wirklichen Probleme begannen mit dem Zerfall Jugoslawiens. Der Unabhängigkeit Mazedoniens fiel 1993 Brezovicas höchster Lift zum Opfer, da er sechs Meter in den neuen Nachbarstaat hineinragte. Ende der 1990er Jahre folgte der Kosovokrieg. Zwischenzeitlich durften nur Angehörige internationaler Organisationen in Brezovica Ski fahren, seit der einseitig erklärten Unabhängigkeit des Kosovo 2008 bleiben die serbischen Gäste aus.

Ausländischen Investoren bot die kosovarische Investitionsagentur INAK die marode Infrastruktur euphemistisch als »letzte große Gelegenheit auf dem Balkan« an, aber die unklaren Eigentumsverhältnisse wirkten abschreckend. Die serbische Regierung betrachtet Lifte, Restaurants und Hotels weiterhin als Eigentum ihres Staates, womit sie nach Ansicht von EU-Rechtsexperten sogar richtigliegt. Doch die Serben investieren nicht. Von den einst elf Liften drehen sich nur noch wenige, und das auch nur, wenn nicht gerade der Strom ausfällt.

Ob der Konflikt wohl noch gelöst werden wird, bevor auch die letzten Lifte ihren Dienst quittieren? Hoffentlich, denn das höchstgelegene Skigebiet Ex-Jugoslawiens ist mit seinen Karen und baumfreien Hochtälern am Kamm des Šar-Planina-Gebirges, den schütteren Mischwäldern unterhalb der 2.000-Meter-Marke und reichlich Schnee nach wie vor ein Paradies für Freerider. Präpariert wird hier nur wenig, auf der schwarzen Piste Nummer 1 sowieso nicht. Hier bilden sich dann regelmäßig herrliche Buckel – wo gibt es das sonst noch?

Skigebiet 1.718–2.522 Meter, 3 Lifte (Komfort: 5,05/10), 15 Kilometer Abfahrten (Komfort: 5,22/10), 0 Prozent beschneit | Abfahrtstyp Piste schwer (nicht beschneit) | Schneebericht www.skijalistasrbije.rs/sr/o-centru-brezovica | Skisaison Mitte Dez.–Ende April | Anreise vom Flughafen Pristina 74 Kilometer | Tipp Dane Meda, der am Berg ein gemütliches Restaurant und einen modernen Skiverleih betreibt, konnte sich nicht damit abfinden, dass es keinen Lift mehr bis auf den Kamm des Šar-Planina-Gebirges gibt. Also schaffte er einen Pistenbully samt Kabine für zehn Passagiere an. Mit der Raupengondel bietet Dane Snowcat-Skiing wie in Nordamerika an – mit Guide, vier Gipfeln an einem Tag und Abschlussdinner in seinem Restaurant.

65 Die Ceripasina
Piste im Freeride-Himmel

Während viele Skigebiete auf der ganzen Welt in den letzten Jahren ihre Liftkapazitäten so weit erhöht haben, dass sie zu viele Skifahrer auf zu wenig Fläche transportieren, hat Nordmazedoniens Top-Resort Popova Šapka dieses Problem nicht. Der Hauptlift, ein antiker Doppelsessellift mit geringer Förderleistung und 22 Minuten Fahrtzeit, bringt Skifahrer an den oberen Rand einer riesigen Bergschale. Präpariert wird hier meist nur eine schmale Piste, der Rest bleibt Domäne der wenigen Freerider. In der Mitte des weiten weißen Runds führt die Ceripasina über etwa 1,8 Streckenkilometer und 600 Höhenmeter talwärts, das ist nicht übermäßig steil, aber mangels Präparierung ist die schwarze Markierung gerechtfertigt.

Popova Šapka leidet unter dem »Wochenend-Skifahrer-Syndrom«. Dies ist ein in vielen weniger entwickelten Wintersportregionen verbreitetes Phänomen, wo die vergleichsweise kleinen Skigebiete fast ausschließlich von Einheimischen besucht werden. An den Wochenenden gibt es lange Warteschlangen. Wochentags hingegen kommen so wenige Skifahrer, dass die Lifte oft mangels Interesse geschlossen bleiben. Die 6,5 Kilometer lange Gondelbahn von der Großstadt Tetovo im Tal der Pena hinauf nach Popova Šapka wurde nach ihrer Zerstörung im Balkankrieg 2001 gar nicht erst wieder aufgebaut.

Immerhin eröffnete in Popova Šapka 2019 nach vielen Jahrzehnten des langsamen Verfalls endlich eine neue Liftanlage, und im Dezember 2022 vermeldete die nordmazedonische Regierung, dass der italienische Schneeanlagenhersteller TechnoAlpin 180 Millionen Euro in die Modernisierung des Skigebiets investieren wolle, 55 Millionen davon in einer ersten Phase. Die soll Popova Šapka auch die bisher fehlende Beschneiungsanlage bescheren – eine Grundvoraussetzung dafür, zukünftig auch ausländische Skiurlauber ins Šar-Planina-Gebirge zu locken. Wer Popova Šapka für sich haben möchte, sollte sich also beeilen.

Skigebiet 1.675 – 2.385 Meter, 8 Lifte (Komfort: 5,79/10), 20 Kilometer Abfahrten (Komfort: 5,12/10), 0 Prozent beschneit | Abfahrtstyp Piste schwer (nicht beschneit) | Schneebericht www.apolos-ing.com/sapka/en | Skisaison Mitte Dez.–Anfang April | Anreise vom Flughafen Skopje 93 Kilometer | Tipp Eskimo Freeride Cat Skiing, der älteste derartige Betrieb in Europa, hat seinen Hauptsitz in Popova Šapka. Das Šar-Planina-Gebirge bietet großartiges Gelände für Catskiing, und das gibt es hier zu Preisen, die günstiger als irgendwo sonst auf der Welt sind.

66 Die Stenata
Wiedergeburt am Hausberg der Hauptstadt

Keine andere europäische Hauptstadt hat Skipisten so unmittelbar vor der Haustür wie das bulgarische Sofia. Vom Vorort Simeonovo führt eine sechs Kilometer lange Gondelbahn ins Skigebiet Vitosha, so dauert's nur eine halbe Stunde vom Stadtzentrum in die auf rund 1.800 Metern Höhe gelegene Hotelsiedlung Aleko, den Dreh- und Angelpunkt des Skigebiets Vitosha. Aleko ist auch über eine Straße (28 Kilometer vom Zentrum) zu erreichen und bietet einen umfassenden Blick über die weit unten liegende Millionenstadt. Umgekehrt eröffnen Sofias Straßen immer wieder Blicke auf den 2.290 Meter hohen Hausberg. Kein Wunder also, dass Vitosha als Ausflugsziel bei den Hauptstädtern so beliebt ist.

Die alpinen Skifahrer unter ihnen hatten über mehr als ein Jahrzehnt einen Grund weniger für einen solchen Ausflug. So lange war die einst legendäre schwarze Skipiste Stenata (Wand) geschlossen gewesen, überwuchert, in Vergessenheit geraten, bevor sie im Frühjahr 2021 endlich wiedereröffnet wurde. Der Neustart fiel mit dem Ende eines Jahres pandemiebedingter Schließungen und massig Schnee zusammen, was die Freude noch steigerte.

Die mit der Nummer sechs markierte Abfahrt wurde für ihr zweites Leben allerdings etwas entschärft und firmiert nun als mittelschwer. Mit ihren 35 Prozent Gefälle ist sie aber nach wie vor nur für Fortgeschrittene ein Spaß. Man erreicht sie von der Bergstation des Sessellifts Laleto 2, sie endet am Terminal der Gondelbahn in Aleko. Ob die Wiedereröffnung der Stenata ein Zeichen dafür ist, dass es mit dem Skigebiet Vitosha insgesamt wieder bergauf geht? Von den einst zehn Aufstiegshilfen sind vier nicht mehr in Betrieb, darunter auch der Lift, der einst direkt neben der Stenata lief. Vielleicht bräuchte es für den Turnaround eine erneute Olympiabewerbung. 1994 unterlag man Lillehammer, aber im Vergleich zu den letzten Ausrichtungsorten wären die Wege in Sofia zur Abwechslung mal wieder wirklich kurz.

Skigebiet 1.336–2.280 Meter, 6 Lifte (Komfort: 4,84/10), 18 Kilometer Abfahrten (Komfort: 4,67/10), 25 Prozent beschneit | **Abfahrtstyp** Piste mittelschwer (nicht beschneit) | **Schneebericht** www.skivitosha.com | **Skisaison** Anfang Dez.–Mitte April | **Anreise** vom Flughafen Sofia 11 Kilometer, vom Bahnhof Sofia 13 Kilometer | **Tipp** Bulgariens Hauptstadt blickt auf eine mindestens 7.000-jährige Geschichte zurück und verfügt über viele antike Stätten, wie etwa die Rotunde des heiligen Georg, eine frühchristliche Kirche aus rotem Backstein im historischen Zentrum. In Sofia sprudeln außerdem über 42 Mineralquellen.

BULGARIEN, RILA-GEBIRGE, BOROVETS, MUSALA

67 Die Popangelov
Auf den Spuren eines bulgarischen Idols

Petăr Popangelov ist der wohl bekannteste Skifahrer Bulgariens. Er stammt aus Borovets, und in seinem Heimatort ist sein Name allgegenwärtig. Popangelov, genannt »Pepe«, gewann im Januar 1980 den Weltcupslalom von Lenggries, schaffte in der Ära des überragenden Ingemar Stenmark zehn weitere Podiumsplätze im Weltcup, siegte außerdem bei 26 bulgarischen Meisterschaften und nahm an vier Winterolympiaden teil. Bestes olympisches Ergebnis war ein sechster Platz 1984 in Sarajevo. Sein Vater, der auch sein Trainer war, kam sogar auf fünf Teilnahmen an Winterspielen. Als Anerkennung dafür erhielt Popangelov senior von der damals noch sozialistischen Regierung Grundstücke in Borovets, seinen Sohn ehrte man 2006 in bereits kapitalistischen Zeiten lediglich ideell: Man benannte eine neue Piste nach ihm.

Die 2,1 Kilometer lange, 50 Meter breite, mittelschwere Popangelov-Piste führt im Bereich Yastrebets durch Kiefernwald – der Name Borovets bedeutet so viel wie »Platz zwischen Kiefern« – über gut 600 Höhenmeter talwärts und verfügt über ein ideales Profil für rauschhafte Carvingschwünge. Sie beginnt recht sanft, eher blau als rot, doch in der Mitte nimmt das Gefälle merklich zu. Ein eigener Express-Vierer sorgt für einen schnellen Rücktransport zum Start. Das macht die Popangelov zur idealen Spielwiese für sportlich orientierte Skifahrer.

Und wer schon einmal auf den Spuren der bulgarischen Ski-Legende unterwegs ist, sollte auch das Familienhotel Popangelov besuchen, das immer noch von Pepe, seiner Frau Zoya und der Familie geführt wird. An einer Wand sind Fotos und Erinnerungsstücke aus den glorreichen Tagen sowie einige der 128 Pokale und 180 Medaillen zu sehen, die er gewonnen hat. Zum Erbe der Familie gehören auch eine Skischule und ein jährlicher Jugend-Skiwettbewerb, der 2010 zu Ehren des verstorbenen Petăr Popangelov senior ins Leben gerufen wurde.

Skigebiet 1.328–2.532 Meter, 13 Lifte (Komfort: 5,97/10), 45 Kilometer Abfahrten (Komfort: 4,87/10), 60 Prozent beschneit | Abfahrtstyp Piste mittelschwer (beschneit) | Schneebericht www.borovets-bg.com | Skisaison Mitte Dez.–Mitte April | Anreise vom Flughafen Sofia 68 Kilometer | Tipp Das etwa 1,5 Autostunden von Borovets entfernt liegende, im 10. Jahrhundert vom heiligen Ivan Rilski gegründete Rila-Kloster ist das größte und eines der ältesten Klöster in Bulgarien. Aufgrund seiner einzigartigen Architektur und Lage steht es auf der Liste des UNESCO-Weltkulturerbes und zählt zu den meistbesuchten Touristenattraktionen Südosteuropas.

68 Die Ski Road
Rushhour beim Home Run

Das Skigebiet Bansko wurde 2003 im Rahmen einer umfassenden Neugestaltung zum »größten Osteuropas« ausgebaut (was es inzwischen nicht mehr ist). Der entscheidende Quantensprung war dabei die Installation einer fast fünf Kilometer langen Gondelbahn zwischen dem alten, für seine besondere Architektur und zwei Jahrtausende Geschichte berühmten Dorf und den Skipisten. Letztere waren zuvor nur mit dem Bus zu erreichen gewesen. Fortan erlebte Bansko einen immensen Bauboom, vor allem viele Briten sicherten sich hier ein preiswertes Feriendomizil.

Die Gondelbahn bescherte Bansko eine Abfahrt mit der größten Höhendifferenz zwischen Alpen und Kaukasus: 1.531 Meter. Klingt so, als müsste man die mal gefahren sein. Die ersten 931 Höhenmeter von der Bergstation am Todorka bis zur früheren Talstation des Areals überwinden diverse leichte, mittelschwere oder schwere Varianten. Die durch die Gondelbahn neu hinzugekommenen 600 vertikalen Meter verteilen sich indes auf 6,5 Längenkilometern.

»Ski Road« hat man diesen Abschnitt passenderweise getauft. Deren neun Prozent Neigung reichen, um in Bewegung zu bleiben, stellen aber nur nachmittags eine Herausforderung dar. Dann nämlich machen sich Tausende Skifahrer auf den Weg hinab ins Dorf. Die äußeren Ränder der schmalen Abfahrt werden dann zur Überholspur für Geübtere, dazwischen regiert das kurvende Chaos.

Früher am Tag hat man die Abfahrt zwar für sich, landet dann aber in der Schlange derer, die noch auf den Berg wollen. Bansko erstickt am eigenen Erfolg, die Wartezeit an der Gondel kann Stunden betragen. Ein zweites Problem ist der Schnee. Die Piste bis hinab auf 994 Meter Seehöhe präpariert zu bekommen, ist auf dem 41. Breitengrad auch mit Schneekanonen ein Kampf. Manchmal öffnet die Ski Road erst nach Neujahr, und mehr als 20 Zentimeter Schneedecke sind selbst mitten im Winter die Ausnahme. Fazit: Ein Muss ist diese Piste nur für die persönliche Statistik.

Skigebiet 994–2.525 Meter, 14 Lifte (Komfort: 6,36/10), 38 Kilometer Abfahrten (Komfort: 4,15/10), 90 Prozent beschneit | Abfahrtstyp Piste leicht (beschneit) | Schneebericht www.banskoski.com | Skisaison Anfang Dez.–Mitte April | Anreise vom Flughafen Sofia 162 Kilometer, Bahnhof in Bansko | Tipp Wenn die Schlange an der Gondelbahn zu lang ist, kann man alternativ mit einem Bus (Fahrpreis im Skipass enthalten) ins Skigebiet gelangen.

69 Die Costas Migkotzidis
Kostenlos Ski fahren auf dem Sitz der Götter

Der Olymp ist mit 2.918 Metern nicht nur der höchste Berg Griechenlands, sondern auch die mythologische Heimat der »zwölf Olympioniken«, der wichtigsten Götter, darunter Zeus. Die Anfahrt von Westen an einem Winterabend kann fast ein religiöses Erlebnis sein, wenn die Götter lächeln und bei Sonnenuntergang für klare Sicht sorgen. Die Schneefelder am Haupt des Olymps färben sich im Licht des späten Nachmittags purpurrot und kontrastieren mit den Grüntönen der Felder und Olivenhaine in unnachahmlicher Weise.

Besonders ist auch das Skifahren am Olymp, und das aus verschiedenen Gründen. Zunächst einmal handelt es sich nicht um ein kommerzielles Skigebiet. Die Lifte werden vom griechischen Militär betrieben, als Trainingszentrum für die Gebirgsjäger. Aber nur während der Woche, am Wochenende können Touristen die Lifte nutzen – und das kostenlos! Etwas gewöhnungsbedürftig ist, dass das Skizentrum von Stacheldraht umgeben ist. Besucher müssen sich mit ihrem Reisepass anmelden, um die Liftanlagen und Pisten nutzen zu können.

Eingecheckt wird in der Baracke am Parkplatz auf 1.700 Metern. Hier muss man auch ein Formular unterschreiben, das die griechische Armee von allen Schadensersatzforderungen freistellt, falls man einen Unfall haben sollte. Es folgt ein 20-minütiger Fußmarsch zur Talstation des unteren der beiden Schlepplifte. Skiverleih oder Restaurant gibt es hier nicht, nur eine kleine Schutzhütte mit begrenztem Speiseangebot, daher unbedingt Ausrüstung und ein Picknick mitbringen. Klingt umständlich, lohnt sich aber. Wer die überkommerzialisierten und oft überfüllten großen Skigebiete der Alpen kennt, weiß das Vergnügen zu schätzen, auf leeren Pisten einen ganzen Berg mit nur einer Handvoll Menschen teilen zu müssen. Die am oberen Lift mittelschwere und am unteren leichte Piste misst rund zwei Kilometer, dank der südseitigen Exposition ein ganztägig sonniges Vergnügen.

Skigebiet 1.895–2.365 Meter, 3 Lifte (Komfort: 3,6/10), 3 Kilometer Abfahrten (Komfort: 4,5/10), 0 Prozent beschneit | **Abfahrtstyp** Piste mittelschwer (nicht beschneit) | **Schneebericht** Tel. +30/24930/23467 | **Skisaison** Dez.–März, nur an Wochenenden | **Anreise** vom Flughafen Thessaloniki 179 Kilometer, vom Bahnhof in Leptokarya 61 Kilometer | **Tipp** Tourengeher erklimmen den Olymp meist von der Ostseite aus Richtung Litochoro, denn hier gibt es auch verschiedene im Winter geöffnete Hütten, wie die auf 2.635 Metern gelegene Christos-Kakkalos-Hütte oder die auf 2.700 Metern gelegene Giosos-Apostolidis-Hütte. Unter www.routemaps.gr gibt es eine Karte für Skitourengeher, Heliskiing ist von Januar bis April möglich.

70 Die Aphrodite
Mykonos im Schnee

Arachova ist ein ganz und gar außergewöhnlicher Wintersportort. In dem auf halber Höhe an der Südabdachung des 2.457 Meter hohen Parnassos (an dem angeblich die Arche von Deukalion und Pyrrha strandete) befindlichen Bergdorf liegt nur selten Schnee. Von den Terrassen und Balkonen des wie ein Adlerhorst hoch über der Pleistos-Schlucht klebenden Dorfes fällt der Blick direkt auf die Fluten des Golfs von Korinth. Wenn der Winterregen die Strände der Ägäis heimsucht, pilgert Athens Jeunesse dorée nicht nach Mykonos, sondern nach Arachova. Viele Hotels sind nur an den Winterwochenenden geöffnet, und die meisten Gäste kommen nur wegen des abendlichen Partygetümmels.

Dann wabert das Aroma von auf Holzkohle gegrilltem Souflaki durch die Straßen, und dort, wo sich die Gassen zu kleinen, von Platanen beschatteten Plätzen weiten, liegt Kaffeeduft in der Luft. Man sitzt den ganzen Winter draußen. Decken und Heizstrahler sorgen für genügend Wärme auf den Lounge-Möbeln, aus den Lautsprechern wummern chillige Rhythmen, und das Volk, das auch nach Sonnenuntergang die dunkel getönten Designerbrillen nicht absetzt, frönt dem Sehen und Gesehenwerden.

Das findet tagsüber auf der Aphrodite-Piste statt. Diese leichte, breite Abfahrt durch die riesige Bergschale an der Nordwestseite des Parnassos ist auch für die hier reichlich anzutreffenden weniger begabten Schneesportler machbar, und sie führt an der Sonnenterrasse des Restaurants Kellaria vorbei. Für Könner wartet neben den Pisten reichlich freies Gelände. Im Frühjahr kann ein Tag am Parnassos so aussehen: Morgens Powderschwünge mit Meerblick durch 15 Zentimeter Neuschnee zirkeln, nachmittags in der Wärme der Märzsonne am Golf von Korinth Sand und Wasser um die Füße spüren und abends, wie schon die Callas, Onassis und Robert Mitchum, griechischen Wein in der Taverne Dasargyris in Arachova genießen. Welcher Wintersportort kann das schon bieten?

Skigebiet 1.590–2.250 Meter, 16 Lifte (Komfort: 6,46/10), 37 Kilometer Abfahrten (Komfort: 4,59/10), 0 Prozent beschneit | Abfahrtstyp Piste leicht (nicht beschneit) | Schneebericht www.parnassos-ski.gr | Skisaison Mitte Dez.–Anfang April | Anreise vom Flughafen Athen 213 Kilometer | Tipp Nur wenige Kilometer sind es von Arachova bis ins antike Delphi und zum ebenfalls als UNESCO-Weltkulturerbe gelisteten Kloster Hosios Lukas. Letzteres ist besonders im Frühjahr ein Ort magischer Schönheit, wenn die üppige Blütenpracht den Klostergarten in ein duftendes Farbenmeer taucht.

71 Der Racing Run
Schnee über dem Strand

Es gibt eine Reihe von Orten auf der Welt, wo man am selben Tag Ski fahren und im Meer schwimmen kann. Ein besonders schöner Ort, um diese Kombination in die Tat umzusetzen, ist Zypern. Es mag unglaublich erscheinen, aber tatsächlich gehen auf dem Mount Olympos, dem höchsten Berg des im Zentrum des griechischen Teils der Insel gelegenen Troodos-Gebirges, bei ausreichend Schnee vier Liftanlagen in Betrieb.

Eine davon, der Zeus-Lift, ist sogar eine Sesselbahn. Sie wurde 2008 vom Cyprus Ski Club neben dem von der FIS für Slalomrennen homologierten Racing Run an der Nordflanke des Mount Olympos errichtet. Den Club gibt es bereits seit 1947. Er wurde seinerzeit von einigen skibegeisterten Briten und Zyprioten gegründet – damals gehörte die Insel noch zum Britischen Empire.

Die Piste verläuft inmitten eines wunderschönen Zypressenwaldes, und der Ausblick vom Gipfel reicht über grünes Ackerland bis hin zum Meer. Zwar ist der Racing Run keine 400 Meter lang, aber dank der knapp 200 Höhenmeter ziemlich steil. Abseits der Piste locken Linien durch den Wald. Trotzdem würden wohl nur absolute Fanatiker auf die Idee kommen, zum Skifahren nach Zypern zu reisen, zumal die Schneelage nicht allzu verlässlich ist.

Aber das abseitige Vorhaben, an einem unmöglichen Ort Ski zu fahren, lässt sich leicht verbergen, schließlich ist Zypern auch im Winter ein Ziel für Strandurlauber. Das Wasser hat nie weniger als 18 Grad, und die Lufttemperatur klettert im Februar an der Küste regelmäßig über die 20-Grad-Marke – da kann man den Sprung ins Mittelmeer schon genießen.

Zumal man die schönen Strände, berühmten Klöster, byzantinischen Kirchen und anderen historischen Stätten zu dieser Jahreszeit ohne Menschenmassen erleben kann. Und mit etwas Glück wartet nur eine Stunde kurvenreicher Fahrt von all diesen Sehenswürdigkeiten entfernt ein Winterwunderland.

Skigebiet 1.731–1.924 Meter, 4 Lifte (Komfort: 4,73/10), 5 Kilometer Abfahrten (Komfort: 5,22/10), 10 Prozent beschneit | Abfahrtstyp Piste schwer (nicht beschneit) | Schneebericht www.cyprusski.com | Skisaison Anfang Jan.–Ende März | Anreise vom Flughafen Nikosia 70 Kilometer | Tipp Etwa 25 Kilometer vom Skizentrum entfernt liegt auf dem Berg Troodos auf einer Höhe von 1.100 Metern das malerische Bergdorf Agros. Es ist für seine verschiedenen Wurst-, Marmeladen- und Rosensorten bekannt und bietet zahlreiche Wanderwege.

72 — Die Kobi
Eine Piste über zwei Kontinente

Ob Georgien zu Europa gehört, ist für Georgier keine Frage. Für Geologen auch nicht, die kennen nur Eurasien. Geografen hingegen ziehen die Grenze zwischen Europa und Asien auf dem Hauptkamm des Kaukasus, und genau den überspannt die 2018 errichtete Gondelbahn Gudauri-Kobi. Während die einst für ihre 8.000 Quadratkilometer Heliski-Terrain bekannte Station Gudauri an der Südseite des Kreuzpasses und damit geografisch gesehen in Asien liegt, befindet sich die Talstation der Bahn auf der Nordseite des Gebirges in der Region Kazbegi und somit in Europa.

Die Bergstation am 2.973 Meter hohen Kobi-Pass markiert die Kontinentalscheide. Steigt man in die Bindung, ist man noch in Asien, aber wenn man in Richtung der Mittelstation oberhalb von Kobi losgleitet, ist man schon in Europa. Die 2,5 Kilometer lange Piste ist nicht nur eine geografische Rarität, sondern auch ein besonderer Genuss, denn man hat stets den 5.047 Meter hohen Kasbek im Visier, an dessen eisüberzogener Wand der Legende nach einst Prometheus für seinen Frevel, den Menschen Feuer gebracht zu haben, büßen musste.

Für Georgier ebenfalls keine Frage ist, dass Südossetien Teil ihres Staatsgebiets ist. Das sehen auch die UNO und sämtliche Länder dieser Erde mit Ausnahme von Nicaragua, Venezuela, Nauru, Syrien und – na klar – Russland so. Putins Truppen halten die Region aber seit dem Kaukasuskrieg 2008 besetzt. Dadurch verloren Gudauris Heliski-Anbieter 65 Prozent ihres Terrains. Die geschlossene Grenze verläuft gleich auf dem ersten Bergkamm gegenüber von Gudauri. Die örtlichen Skiguides hoffen sehnlichst auf die Wiedervereinigung Georgiens – und nicht nur sie. Ob die aber jemals kommt, steht ebenso in den Sternen wie die Antwort auf die Frage, ob Putin für seine Untaten jemals ein ähnliches Schicksal wie Prometheus erleiden wird. Wäre schade, denn der antike Titan wurde zu guter Letzt von Zeus begnadigt.

Skigebiet 1.989–3.276 Meter, 15 Lifte (Komfort: 7,34/10), 45 Kilometer Abfahrten (Komfort: 4,35/10), 15 Prozent beschneit | **Abfahrtstyp** Piste leicht (nicht beschneit) | **Schneebericht** www.gudauri.com | **Skisaison** Mitte Dez.–Ende April | **Anreise** vom Flughafen Tiflis 143 Kilometer | **Tipp** Nachdem der Elbrus in Russland zur No-go-Area geworden ist, steht mit dem Kasbek eine Alternative für all jene bereit, die einen Fünftausender mit Skiern besteigen möchten, ohne dafür um die halbe Welt zu fliegen. Start der Tour ist in Stepanzminda auf 1.800 Metern. Mit der Betlemi-Hütte (3.670 Meter), einer ehemaligen Wetterstation, gibt es einen Stützpunkt für den Gipfelangriff. Die Abfahrt von dort ins Tal von Kazbegi ist mit ihren über 3.200 Höhenmetern ein Traum.

73 Die Chvabiani
Traumterrain über dem Tal der Türme

Mestia ist unter Freeridern längst mehr als ein Geheimtipp. Ein normaler Skiort ist es aber noch lange nicht. Schon wegen der Anreise, einer langen Fahrt über ein von Erdrutschen und Lawinen bedrohtes Sträßchen durch enge Schluchten und entlang schwindelerregender Steilhänge. Besiedelt wurde das Tal von Mestia von Verbannten und Verfolgten, die hohen Berge ringsherum waren für Feinde unüberwindbar. Traditionen wie Ältestenräte haben sich selbst über die Sowjetzeit erhalten.

Die Kollektivierung der Landwirtschaft gelang nie, nicht einmal Georgier verstehen die swanische Sprache, und die Familie ist nach wie vor die alles dominierende Instanz. Sichtbares Zeichen sind die mittelalterlichen Wehrtürme, die den Familien als Signaltürme, Statussymbole und Zufluchtsorte dienten. Blutfehden, Brautraub und Überfälle waren noch in den 1990ern an der Tagesordnung.

Daher fasste der Tourismus hier trotz ikonischer Bergriesen erst im 21. Jahrhundert Fuß. Der doppelgipflige, 4.737 Meter hohe Uschba und der 4.858 Meter hohe Tetnuldi waren der Legende nach zwei Liebende, die nicht dagegen aufzubegehren wagten, dass ihre Familien sich gegen ihre Liebe stellten. Aus Kummer verwandelten sie sich in zwei Berge, auf immer getrennt durch eine tiefe Schlucht. Tetnuldi hüllte ihr Haupt in einen weißen Schleier aus ewigem Schnee. Uschba wurde mit dunklen, unnahbaren Felsen zum »schrecklichen Berg«. Sieht man sie an, so heißt es, spürt man die Kraft und Traurigkeit ihrer Liebe.

Der vielleicht beste Ort, die mystische Gestalt Uschbas zu bewundern, ist die Chvabiani-Piste auf der wie ein Aussichtsdeck ins Tal vorgeschobenen Nordschulter von Tetnuldi. Auch wenn man eigentlich nur zum Freeriden nach Mestia gekommen ist: Der Magie dieses Anblicks kann man sich nicht entziehen, immer wieder muss man stehen bleiben, schauen und sich trotz des Mitleids mit den unglücklichen Seelen an ihrer Schönheit erfreuen.

Skigebiet 2.265–3.160 Meter, 5 Lifte (Komfort: 6,64/10), 58 Kilometer Abfahrten (Komfort: 4,18/10), 0 Prozent beschneit | **Abfahrtstyp** Piste leicht (nicht beschneit) | **Schneebericht** www.mta.ski | **Skisaison** Anfang Dez.–Ende April | **Anreise** vom Flughafen Kutaissi 221 Kilometer per Mietwagen oder Taxi oder in 30 Minuten mit dem Kleinflugzeug (wetterabhängig) nach Mestia | **Tipp** In Mestia lohnt ein Besuch im auch architektonisch sehenswerten Ethnografischen Museum, das an der Zufahrt zur Gondelbahn nach Hatsvali liegt. Zu den ausgestellten Schätzen zählen zahlreiche bedeutende Ikonen.

74 Die Carp
Baumfreie Hänge überm Märchenschloss

Wie auch in so manchem Schweizer Wintersportort war es die Eisenbahn, die im späten 19. Jahrhundert dafür sorgte, dass sich ein kleiner Flecken im Bucegi-Gebirge zu einem Nobelkurort entwickelte. Als der rumänische König Carol I. 1883 seine Sommerresidenz nahe dem Kloster Sinaia errichten ließ, legte er den Grundstein für eine dauerhafte touristische Blüte des Orts, denn das Schloss Peleș ist ein romantisches Märchenschloss, das zusammen mit dem ab 1899 nur 100 Meter hangaufwärts im Schweizer Chalet-Stil errichteten Schloss Pelișor heute Besucher aus der ganzen Welt anzieht. Damals gelangte mit den Aristokraten auch der Skisport nach Sinaia, 1912 nahm der österreichische Außenminister Graf Ottokar Czernin mit seiner Frau an einem Skirennen beim Schloss Pelișor teil.

Heute pflegt man den Skilauf in Sinaia einige Etagen weiter oben. Direkt aus dem Zentrum des mondänen Kurorts schwebt eine Seilbahn in zwei Sektionen über die Mittelstation »Cota 1400« bis auf über 2.000 Meter. Dort oben könnte der Kontrast zur Enge des bewaldeten Tals kaum größer sein: Das riesige, gleißend weiße Hochplateau von Bucegi, das sich in einer Höhe von 1.700 bis 2.500 Metern über rund 30 Quadratkilometer erstreckt, liegt nicht nur über der Waldgrenze, sondern oft auch über den Wolken. Während jenseits der Bergstation eher sanfte Pisten über rund 300 Höhenmeter in eine Mulde des Plateaus hinabführen, stellen die Hänge auf der Sinaia zugewandten Seite höhere Anforderungen, egal, ob man auf einer der vier ausgewiesenen Pisten bleibt oder in das dazwischen liegende, äußerst reizvolle freie Gelände abbiegt. Die Carp ist einer der vier Pisten auf der Vorderseite und Sinaias längste schwarze. Sie folgt weitgehend der direkten Linie unter der Seilbahn, ist zwar nicht extrem steil, aber regelmäßig verbuckelt und erfreut über ihre rund 650 Höhenmeter mit abwechslungsreicher Topografie.

Skigebiet 1.006–2.090 Meter, 11 Lifte (Komfort: 6,46/10), 34 Kilometer Abfahrten (Komfort: 4,73/10), 30 Prozent beschneit | **Abfahrtstyp** Piste schwer (nicht beschneit) | **Schneebericht** www.sinaiago.ro | **Skisaison** Mitte Dez.–Anfang April | **Anreise** vom Grenzübergang Braunau 1.273 Kilometer via Wien, Budapest, Timișoara und Sibiu, vom Flughafen Bukarest 111 Kilometer, Bahnhof in Sinaia | **Tipp** Das Schloss Peleș, Drehort für diverse Hollywood-Filme, ist heute ein Museum, ein Großteil der 160 Zimmer kann besichtigt werden. Sehenswert ist neben weiteren Prachtbauten aus der Gründerzeit auch das Kloster, das von 1690 bis 1695 nach dem Vorbild des auf der Halbinsel Sinai stehenden Katharinenklosters gebaut wurde.

75 Die Lupului
In den Karpaten die Beste

Als Mathias Zdarsky 1896 sein Buch »Lilienfelder Skilauftechnik« veröffentlichte und damit den modernen alpinen Skilauf begründete, hieß Brașov noch Kronstadt und gehörte zum Kaiserreich Österreich-Ungarn. Nachdem Zdarsky 1905 den ersten Torlauf der Skigeschichte organisiert hatte, besuchte er 1907 Kronstadt, wo sich zwei Jahre zuvor mit der Kronstädter Skivereinigung der erste Skiclub des heutigen Rumäniens gegründet hatte. Zdarsky unterrichtete die Mitglieder in seiner revolutionären Technik, die es auch dank der ebenfalls von ihm entwickelten, gefederten Stahlsohlenbindung ermöglichte, selbst steile Hänge in sauberen Stemmbogen-Schwüngen sturzfrei zu befahren.

Schon damals pilgerten die Kronstädter Skifahrer zur Ausübung ihres Sports hinauf auf die Wiese (rumänisch: Poiana) unterhalb des 1.799 Meter hohen Hausbergs Postăvarul. Die erste Skipiste an dessen Nordhängen, die Sulinar, wurde 1930 angelegt, 1956 entstand die erste Gondelbahn. Heute ist Poiana Brașov das bevorzugte Ziel der Ski fahrenden Oberschicht aus dem 160 Kilometer entfernten Bukarest. Der Ferienort liegt verschont vom Durchgangsverkehr auf einem schütter bewaldeten Almplateau mit prächtigen Ausblicken auf die Felswände des 2.544 Meter hohen Moldoveanu. Einige Dutzend schicke Hotels und abends gut gefüllte und stimmungsvolle Bars und Restaurants verteilen sich um den See im Zentrum des Orts.

Für die Abfahrten vom Postăvarul, den neben zwei betagten Pendelbahnen inzwischen auch moderne Gondel- und Sesselbahnen erschließen, ist wie in Zdarskys Tagen eine gute Steilhangtechnik immer noch von Vorteil. Besonders auf der Lupului (Wolf), die auf ihren 2,7 Kilometern Länge durch den dichten Wald 750 Höhenmeter überwindet. Ihr selektiver Verlauf mit zahlreichen Richtungswechseln und Geländeübergängen hätte bestimmt auch dem Skipionier aus Lilienfeld gefallen.

Skigebiet 975 – 1.783 Meter, 10 Lifte (Komfort: 7,10/10), 24 Kilometer Abfahrten (Komfort: 4,57/10), 100 Prozent beschneit | Abfahrtstyp Piste schwer (beschneit) | Schneebericht www.discoverpoiana.ro | Skisaison Anfang Dez.–Anfang April | Anreise vom Grenzübergang Braunau 1.237 Kilometer via Wien, Budapest, Timişoara und Sibiu, vom Flughafen Bukarest bzw. Sibiu jeweils 158 Kilometer, vom Bahnhof in Braşov/Kronstadt 16 Kilometer | Tipp Eine gute halbe Stunde fährt man von Poiana Braşov in das Dorf Bran, über dem das Schloss gleichen Namens thront. Es gilt als das Schloss des Grafen Dracula – das stimmt zwar nicht, schön anzuschauen ist die 1377 errichte Burganlage aber trotzdem. 2022 kamen 720.000 Besucher.

UKRAINE, WALDKARPATEN, YASYNYA, DRAGOBRAT

76 Der Große Zwilling
Per Militärtransporter in den Tiefschnee

Als Russland am 24. Februar 2022 die Ukraine überfiel, änderte sich auch in Dragobrat im Südwesten des Landes die Welt. Der Skiort in den Karpaten besteht aus etwa 50 kleinen Hotels, Bars und Restaurants, die sich an einer Bergflanke auf 1.300 Metern mit dem auslaufenden Nadelwald vermischen. Man erreicht ihn nur in alten Buchanka-Bussen über eine abenteuerliche Bergstraße.

Ein paar hundert Menschen leben dort oben während einer normalen Wintersaison, vor dem Krieg und vor der Pandemie waren bis zu 3.000 Touristen auf einmal da. Der Grund: das kleine Skigebiet und zwei Unternehmen, die Wintersportler mit Pistenraupen auf die umliegenden Berge wie den 1.881 Meter hohen Großen Zwilling bringen.

»Catskiing« heißt das – und alle schwärmen, es sei nirgendwo auf der Welt besser und günstiger zu haben als hier. Kurz vor dem russischen Überfall verbrachten wir einige Tage im Tiefschnee und konnten diese Einschätzung nur begeistert bestätigen. Die umgebauten Pistenraupen brachten uns auf die weitgehend baumfreien Bergkuppen, und in kleinen Gruppen schwangen wir im feinsten Pulverschnee die überwiegend sanft abfallenden und daher wenig lawinengefährdeten Hänge nach unten.

Wer glaubt, der Skibetrieb in Dragobrat sei mit dem Krieg eingestellt worden, irrt. Schon in der Saison 2022/23 ging es dort wieder los. 1.000 Kilometer von der Front entfernt sei Dragobrat einer der sichersten Orte der Ukraine, es gebe keine Militärstützpunkte in der Nähe und die nächste Stadt sei 100 Kilometer entfernt, sagten sie vor Ort, öffneten das Skigebiet und starteten die Pistenraupen. Auch die Tourismus-Homepage der Ukraine meldete: Die Saison finde unter Kriegsbedingungen statt, das sichere Arbeitsplätze und stütze die Wirtschaft. Es kamen zwar keine internationalen Touristen, aber das schmälerte die Hoffnung auf eine bald zurückkehrende Normalität nicht.

Skigebiet 1.323 – 1.703 Meter (Liftgebiet), 13 Lifte (Komfort: 3,86/10), 10 Kilometer Abfahrten (Komfort: 5,21/10), 0 Prozent beschneit | Abfahrtstyp Tourenabfahrt mittelschwer | Schneebericht www.drago-brat.com | Skisaison Ende Nov.–Ende April | Anreise vom Grenzübergang Görlitz 990 Kilometer via Krakau und Lviv nach Yasynya, von dort Transfer per Bus, vom Flughafen Cluj (Rumänien) 246 Kilometer, vom Bahnhof Iwano-Frankiwsk 108 Kilometer | Tipp Der deutsche Reiseveranstalter Ludger Bracht (Personal Scout Tours) organisiert nach wie vor auf Anfrage Kleingruppenreisen nach Dragobrat. Die Anreise erfolgt via Bukarest.

77 Die 16D
Aus dem Stand an die Spitze

An einem Julimorgen 2006 verlassen schwer beladene Sattelschlepper einen Werkshof im italienischen Bozen. Sie haben duktile Gussrohre, Pumpen, 353 Schneilanzen und 42 Propellermaschinen im Gepäck. Es dauert, bis die gesamte Fracht die Fabrik verlassen hat, denn für das komplette Material braucht es 170 Tieflader.

Etwa zur selben Zeit setzt sich ein ähnlicher Lindwurm aus Lastwagen auf der Alpennordseite in Bewegung. Riesige Kabelrollen, Seilscheiben, Getriebe, Rollenbatterien und Stahlmasten rollen auf den Ladeflächen der 40-Tonner aus dem Werk in Wolfurt bei Bregenz. Die beiden Konvois haben dasselbe Ziel: das Skigebiet Bukovel, das auf einen Schlag acht komplette Seilbahnen und eine Beschneiungsanlage für 50 Kilometer Skipisten bauen möchte. Für beide Firmen ist es der jeweils größte Einzelauftrag ihrer Geschichte. Was etwas heißen will, denn sie sind Weltmarktführer ihrer jeweiligen Branche.

Bukovel ist seit 2006 das unangefochten größte und bis zum russischen Überfall auf die Ukraine besucherstärkste und teuerste Skiresort Osteuropas. Ein Treffpunkt für Oligarchen, Wirtschaftslenker, Medienstars, Verwaltungsspitzen und Politiker, die am Lift in der VIP-Line an der langen Schlange der leidlich wohlhabenden Normalbürger vorbeiziehen und ihren neu erworbenen Reichtum auf Bukovels Pisten auch sonst so offensiv wie möglich zur Schau stellen. Nur nicht auf der 16D, denn die Fähigkeit, auf einer schwarzen Piste eine gute Figur zu machen, kann man auch für alles Geld der Welt nicht kaufen. Und die 16D ist tiefschwarz. Sie gehört zu einer Batterie von vier schwarzen Abfahrten am Lift 16, der am weitesten von den Hoteltürmen und Parkhäusern des Resorts entfernten Aufstiegshilfe. Rundherum sieht man nichts als die riesigen Wälder der Karpaten, und man könnte glatt vergessen, dass auch die 16D bloß ein Teil des gigantischen Freizeitparks namens Bukovel ist.

Skigebiet 859–1.372 Meter, 19 Lifte (Komfort: 5,10/10), 64 Kilometer Abfahrten (Komfort: 5,02/10), 100 Prozent beschneit | Abfahrtstyp Piste schwer (beschneit) | Schneebericht www.bukovel.com | Skisaison Ende Nov.–Anfang Mai | Anreise vom Grenzübergang Görlitz 976 Kilometer via Krakau und Lviv, vom Flughafen Lviv 238 Kilometer (aktuell keine Flugverbindungen), vom Bahnhof Iwano-Frankiwsk 95 Kilometer | Tipp Bukovel versteht sich als eine Art Freizeitpark auch für Nichtskifahrer. Deswegen gibt es hier auch im Winter ein breites Alternativangebot: Alpine Coaster, Schneemobilfahren, Ziplines, Fly-Line, Hundeschlittentouren, Tubing, Schneeschuhwanderungen, Freizeitbad, Wellnessoasen und das Hutsul Land, eine Art ethnografisches Freilichtmuseum.

UKRAINE, WALDKARPATEN, BORYSLAV, BUKOVYTSIA

78 Die Tsjuchiw-Totale
Der aufgeschobene Traum

Unweit seiner Wohnung im nordwestukrainischen Kurort Truskavets wollte Viktor Konts spätestens zum Winter 2023/24 seinen Traum realisieren. Die erste Gondelbahn der Ukraine sollte das Skigebiet Bukovytsia, das Konts zusammen mit zwei Partnern betreibt, mit dem Gipfel des 939 Meter hohen Tsjuchiw verbinden und eine 5,1 Kilometer lange Skiabfahrt erschließen: die Tsjuchiw-Totale. Es wäre die längste Piste des Landes gewesen. Der Berg markiert die erste Erhebung im äußersten Nordosten der Karpaten, das Panorama reicht bis Lemberg. Auf seiner Rückseite liegt der Nationalpark Skoler Beskiden, kurz unterhalb des Gipfels die gemütliche Baude »Karpat·s'ki Polonyny«, und die legendäre Festung Tustan erreicht man nach kurzer Wanderung. Beste Voraussetzungen also, um auch im Sommer die Kurgäste für eine Fahrt mit der Bahn zu begeistern. Die Menschen vor Ort, wie überall in der Ukraine getragen vom Willen, ihre junge Nation wirtschaftlich voranzubringen, waren hoch motiviert: 100 Prozent Zustimmungsquote erhielt Konts, als er seine Idee den Bürgern vorstellte.

Die Schneise für die Zufahrtsstraße von Truskavets, wo bereits 1836 erste Kureinrichtungen entstanden, als der Ort noch zum österreichischen Kronland »Königreich Galizien und Lodomerien« gehörte, war bereits geschlagen, die erforderlichen Genehmigungen waren eingeholt – da marschierten Putins Truppen in die Ukraine ein und begruben alle Hoffnungen. Aber rasch schüttelte man den ersten Schock ab, und trotz des andauernden Kriegs ließ man sich nicht davon abhalten, auch im Winter 2022/23 die Lifte in Bukovytsia anzustellen. Auch der Traum von der Tsjuchiw-Totalen lebt, denn Konts erwartet einen Sieg der Ukraine. Danach, so hofft er, könnte das Land rasch zum EU-Mitglied werden – und seine Bahn Teil des Wiederaufbaus der Tourismuswirtschaft in den Karpaten. Ihren Optimismus lassen sich die Ukrainer selbst durch Putins Bomben nicht nehmen.

Skigebiet 410–565 Meter (Plan 939 Meter), 3 (Plan 7) Lifte (Komfort: 4,51/10), 2 (Plan 22) Kilometer Abfahrten (Komfort: 4,34/10), 100 Prozent beschneit | Abfahrtstyp Piste leicht (beschneit) | Schneebericht www.bukovytsia.com | Skisaison Anfang Dez.–Mitte April | Anreise vom Grenzübergang Görlitz 773 Kilometer via Krakau, vom Flughafen Lviv 85 Kilometer (aktuell keine Flugverbindungen), vom Bahnhof Truskavets 8 Kilometer | Tipp Zum grenzübergreifenden UNESCO-Welterbe »Holzkirchen der Karpatenregion« gehört die Georgskirche in Drohobytsch, einem Nachbarort von Truskavets. Sie ist eines der am besten erhaltenen Denkmäler der galizischen Volksarchitektur des 17. Jahrhunderts, und die Wandmalereien in ihrem Inneren sind geradezu überwältigend.

79 Die Déli 1
Per Bus zur Piste vom Dach des Landes

In der Vorstellung vieler Menschen ist Ungarn ungefähr so topfeben wie die Niederlande. Wer schon mal in Budapest war, weiß, dass dem nicht so ist. Schließlich gibt es dort mit der Standseilbahn auf dem direkt über der Donau aufragenden Burgberg und der Sesselbahn vom Ortsteil Zugliget zum 489 Meter hohen János-hegy (Johannesberg) sogar zwei Seilbahnen. Das Hochplateau von Normafa, das man aus dem Stadtzentrum mit der Schwabenbergbahn, einer Zahnradbahn, erreicht, bietet sieben alpine Skipisten, deren längste, die Harang-völgy, 850 Meter Richtung Zugliget führt. Mit den Bussen der Linie 155 gelangt man wieder ins Stadtzentrum. Die beiden Skilifte und die Flutlichtanlagen, die auf Normafa in den 1980er Jahren gebaut wurden, sind längst nicht mehr in Betrieb.

Busse benutzen Skifahrer auch an Ungarns höchstem Berg, dem 1.014 Meter messenden Kékestető. Zumindest wenn sie die volle Länge der Déli 1 ausfahren. Die 1,8 Kilometer lange Abfahrt durch den Kiefernwald, die längste Ungarns, bedienen nämlich nur in der oberen Hälfte einige Schlepplifte. Der untere Abschnitt endet an der Zufahrtsstraße, von wo aus es bei entsprechender Schneelage per Pendelbus zurück auf das Gipfelplateau mit seinem Fernsehturm geht, von dessen Aussichtsplattform man über die Wipfel im Süden bis weit ins ungarische Tiefland und im Norden bis zum 2.000 Meter hohen Kamm der Niederen Tatra in der Slowakei sehen kann. Abwechslung von der sanften Déli 1 bieten die rote und die schwarze Abfahrt – die immerhin 165 Höhenmeter messen – an der Nordseite des Kékestető.

Mangelt es selbst dort an Schnee, findet man den gegebenenfalls im nahe gelegenen Skigebiet Mátraszentistván Sipark, denn dort werden die Pisten auch beschneit. Mit acht Liftanlagen, darunter eine Sesselbahn, sowie Flutlicht, Verleih und Kinderland ist es eines der größten und modernsten Wintersportareale im Land der Magyaren.

Skigebiet 770–1.015 Meter, 5 Lifte (Komfort: 3,23/10), 3 Kilometer Abfahrten (Komfort: 4,52/10), 0 Prozent beschneit | Abfahrtstyp Piste leicht (nicht beschneit) | Schneebericht www.kekesteto.hu | Skisaison Dez.–März | Anreise vom Grenzübergang Braunau 655 Kilometer via Wien und Budapest, vom Flughafen Budapest 102 Kilometer, vom Bahnhof Gyöngyös 18 Kilometer | Tipp Es wäre geradezu fahrlässig, Skifahren in Ungarn nicht mit einem Besuch in Budapest zu verbinden, zumal 13 der 20 ungarischen Alpin-Areale in einem Umkreis von 100 Kilometern um die Hauptstadt liegen. Gerade im Winter sind die zauberhaften Thermalbäder der Stadt echte Wohlfühlorte.

80 Die Turistická
Carving-Teppich mit Tatra-Blick

Ziemlich genau bis zur Schwelle vom Mittel- zum Hochgebirge ragen die Berge der Niederen Tatra auf. Auf etwas mehr als 2.000 Meter bringen es die höchsten Kuppen entlang des einige hundert Höhenmeter über die Waldgrenze aufragenden Kamms. Eiszeitliche Gletscher haben steile Karwände in die Nordflanken gefräst, während weite, freie Hänge die Südseite prägen. Unter dem Strich bietet die Niedere Tatra das gesamte Spektrum fahrbaren Terrains, von sanften Übungswiesen im Wald bis zu höchst anspruchsvollen Couloirs. Allein skifahrerisch sowieso nicht relevantes Gelände fehlt, etwa Gletscherbrüche oder Felswände. Letztere sieht man immerhin in der Ferne aufragen, wo die Felszacken der Hohen Tatra für hochalpine Szenerie sorgen.

Klingt nach einem perfekten Ort für ein Skigebiet. Das ist es auch, und daher ist die sich über die Nord- und Südhänge des 2.024 Meter hohen Chopok erstreckende Skischaukel von Jasná nicht nur das Top-Skiziel der Slowakei, sondern eines der attraktivsten in ganz Osteuropa. Es wird zudem professionell durch die börsennotierte Holding der Tatry Mountain Resorts geführt, die auch die größten Skigebiete Polens und Tschechiens betreibt. Das sorgt zusammen mit den zuletzt wie Pilze aus dem Boden geschossenen neuen Hotels und Chalet-Dörfern für eine Auslastung, die eher die Aktionäre als die Gäste glücklich macht. Man sollte Jasná tunlichst außerhalb der Ferienzeiten ansteuern.

Dann kann man das Skifahren hier richtig genießen, auch wenn es kein so günstiges Vergnügen mehr ist wie noch bis vor gar nicht allzu langer Zeit. Erste Wahl für's Genussskifahren ist die Turistická. Sie startet auf 1.843 Metern in Konský Grúň auf der Nordseite des Chopok und führt über vier Kilometer bis nach Záhradky (1.028 Meter). Nimmt man oberhalb die rote Piste vom Chopok-Gipfel und unterhalb die neue Piste bis Lúčky mit, überwindet man Jasnás volle 1.061 Höhenmeter in einem Rutsch.

Skigebiet 943–2.004 Meter, 19 Lifte (Komfort: 7,05/10), 48 Kilometer Abfahrten (Komfort: 3,94/10), 67 Prozent beschneit | Abfahrtstyp Piste leicht (beschneit) | Schneebericht www.jasna.sk | Skisaison Anfang Dez.–Mitte Mai | Anreise vom Grenzübergang Görlitz 587 Kilometer via Krakau, Ostrava und Žilina, vom Flughafen Poprad 63 Kilometer, vom Bahnhof Liptovský Mikuláš 15 Kilometer | Tipp Die TMR-Gruppe betreibt in Liptovský Mikuláš das Freizeitbad Tatralandia. Zwar entfaltet der Wasserpark sein volles Potenzial nur im Sommer, mit zehn Pools und sechs Rutschen ist das Angebot aber auch im Winter den kurzen Ausflug wert, falls das Wetter mal nicht zum Skifahren einlädt.

81 Die Lomnické sedlo
Tiefschnee im kleinsten Hochgebirge der Welt

Anno 1892 beschloss der ungarische Staat, zu dem die Hohe Tatra seinerzeit gehörte, am Fuß des kleinsten Hochgebirges der Welt einen Fremdenverkehrsort zu gründen. Drei Jahre später hatte Tatranská Lomnica, das bis dato aus wenig mehr als einem Forsthaus bestanden hatte, einen Bahnanschluss, ein Badehaus im maurischen Stil und die ersten Hotels, darunter das Grandhotel Praha, das sich nach seiner zwischenzeitlichen Degradierung zum Gewerkschaftsheim heute wieder im Glanz der Kaiserzeit präsentiert. Noch vor dem Ersten Weltkrieg folgten Golfplatz und Bobbahn. Letztere ist längst verschwunden, geblieben ist der parkähnliche Charakter des Orts, auch wenn diesen einige weniger ansehnliche Bauten aus der sozialistischen Zeit durchsetzen.

Das Skigebiet, das 1941 mit dem Bau der Seilbahnstafette auf die Lomnitzer Spitze entstand, war zwischenzeitlich ebenso wie das Hotel Praha in einem beklagenswerten Zustand. Aber mit den vier neuen Aufstiegshilfen, der Beschneiungsanlage und wenigen zusätzlichen Abfahrten, die in den letzten 15 Jahren entstanden – mehr Modernisierung wird es wegen der Lage im Tatra-Nationalpark nicht geben –, gelang die Wende. Gut so, denn immerhin bietet Tatranská mit 1.302 Metern den größten Höhenunterschied aller vollwertigen Pisten zwischen Alpen und Kaukasus.

Der erste Abschnitt ist allerdings Experten vorbehalten: die schwarze Piste vom Lomnické sedlo. Auf dem weiten, freien Hang wird eine Trasse gewalzt, links und rechts locken entweder Tiefschnee oder Buckel. Hier hat man viel Platz, denn der Doppelsessel schafft stündlich nur 900 Skifahrer zur Bergstation. Ab Skalnaté pleso (1.751 Meter) folgt eine mittelschwere, herrlich aussichtsreiche Piste, erst durch die Latschenzone, dann durch jungen Wald, der Borkenkäfer hat hier schon vor 15 Jahren gewütet. Das letzte Stück von Štart (1.173 Meter) zur Talstation ist blau markiert – ein gemütlicher Abschluss.

Skigebiet 888–2.190 Meter, 8 Lifte (Komfort: 7,40/10), 15 Kilometer Abfahrten (Komfort: 3,92/10), 90 Prozent beschneit | **Abfahrtstyp** Piste schwer (nicht beschneit) | **Schneebericht** www.vt.sk | **Skisaison** Anfang Dez.–Ende April | **Anreise** vom Grenzübergang Görlitz 544 Kilometer via Krakau, vom Flughafen Poprad 18 Kilometer, Bahnhof in Tatranská Lomnica | **Tipp** Vom Endpunkt der Lomnické sedlo in Skalnaté pleso zielt eine kühne Seilbahn auf den schroffen Felsturm des Lomnický štít, des mit 2.632 Metern zweithöchsten Gipfels der Hohen Tatra. Von hier oben hat man eine phantastische Aussicht, die man maximal 50 Minuten lang genießen darf, dann muss man wieder in eine der beiden 15er-Kabinen steigen und die Talfahrt antreten.

82 Die Hala Gąsienicowa
Alpines Terrain über Polens Winterhauptstadt

Polens Winterhauptstadt heißt Zakopane: 1939 fand hier die Ski-WM statt, in den 1970ern gab es Weltcuprennen und 1993 die Winter-Universiade. Unter hohe Tannen geduckte alte Holzhäuser im typischen Zakopaner Stil, mit spitzen Giebeln und reich mit Schnitzwerk verziert, sorgen für eine märchenhafte Atmosphäre. Noch heute streifen Wölfe durch die dunklen Wälder, die sich am Fuß der Hohen Tatra erstrecken, die gleich hinter Zakopane aufragt. Einer der Gipfel ist der 1.960 Meter hohe Kasprowy Wierch. Er überragt nicht nur das Meer der Wipfel, sondern auch das knappe Dutzend überwiegend winziger Skiareale Zakopanes, denn er bietet als einziger Skiberg Polens hochalpines Terrain.

Eine ursprünglich 1936 errichtete Seilbahn führt vom Ortsteil Kuźnice hinauf. Der liegt im Nationalpark und ist nur per Bus oder Pferdeschlitten erreichbar. An der Talstation sind lange Wartezeiten die Regel, denn die Parkverwaltung ließ 1995 bei der Modernisierung der Bahn nur eine Förderleistung von stündlich 360 Personen zu. Mancher schultert daher die Bretter und steigt über einen drei Kilometer langen Skiweg zur Talstation des Doppelsessels in der Hala Goryczkowa auf.

Der bedient ebenso wie der Vierer im Kessel auf der Ostseite des Kasprowy Wierch, der Hala Gąsienicowa, ausschließlich schwarze Abfahrten. Das sorgt in Kombination mit der geringen Kapazität der Zubringerbahn für meist leere Pisten und kurze Wartezeiten – wenn man es einmal bis hier herauf geschafft hat. Für die Talfahrt nach Kuznice steht außer dem Skiweg auch eine mehr als sieben Kilometer lange Skiroute aus der Hala Gąsienicowa zur Wahl, aber Achtung: Sie hat Schiebestrecken! Die heimischen Freeride-Cracks stürzen sich von der Bergstation in die granitgesäumten Steilrinnen der Dolina Sucha Kasprowa, des nordseitigen Kars zwischen den beiden Halas. Ohne Begleitung durch einen Ortskundigen sollte man das allerdings besser lassen.

Skigebiet 1.020–1.957 Meter, 4 Lifte (Komfort: 4,86/10), 25 Kilometer Abfahrten (Komfort: 5,31/10), 0 Prozent beschneit | Abfahrtstyp Piste schwer (nicht beschneit) | Schneebericht www.pkl.pl | Skisaison Anfang Dez.–Anfang Mai | Anreise vom Grenzübergang Görlitz 515 Kilometer via Krakau, vom Flughafen in Poprad 67 Kilometer, vom Grenzübergang Krakau 114 Kilometer, Bahnhof in Zakopane | Tipp Nach Einbruch der Dunkelheit erstrahlt die 30.000-Einwohner-Stadt Zakopane in Festbeleuchtung: Restaurants, Pizza-Buden, Eisdielen, Bars und zahlreiche Geschäfte säumen die belebten Straßen. Das Après-Ski Zakopanes, das jährlich drei Millionen Touristen zählt, sucht in Osteuropa seinesgleichen.

83 Die FIS

Im rassigen Auge des Sturms

Bielsko-Biała ist Polens einzige Großstadt in den Bergen. Das Skigebiet von Szczyrk, dessen Pisten man von der 170.000-Einwohner-Stadt sehen kann, ist das größte der vielen hundert polnischen Alpin-Areale. Diese Kombination sorgt vor allem an Wochenenden, wenn sowohl Urlauber als auch Ausflügler unterwegs sind, für einen immensen Ansturm. Obwohl die Liftanlagen in den letzten Jahren umfassend modernisiert wurden, sind die Wartezeiten dann immer noch erheblich, und der Verkehr auf den leichteren Pisten weckt Rushhour-Assoziationen.

Aber es gibt eine Abfahrt, die selbst an 10.000-Gäste-Tagen verwaist daliegt, und das obwohl sie das Prunkstück des Pisteninventars nicht nur am 1.257 Meter hohen Skrzyczne (Rauhkogel), sondern ganz Polens darstellt: die FIS. Mit 2,8 Kilometern Länge, 660 Metern Höhendifferenz und durchschnittlich 40 Metern Breite sind schon die Maße vielversprechend. Doch sie bietet noch mehr Qualitäten. Vom Start, der bei Rennen von einem Holzturm auf der Kuppe des Skrzyczne, des höchsten Bergs der Schlesischen Beskiden, erfolgt, hat man einen großartigen Rundumblick. Im Norden schaut man durch das Wolfsdorfer Tor, den weiten Pass zwischen Schlesischen und Kleinen Beskiden, bis nach Bielsko-Biała. Im Osten liegt direkt zu Füßen des Bergs der Żywiecer See inmitten der Felder und Dörfer des Saybuscher Beckens. Dahinter ragen die kahlen Kuppen von Pilsko und Babia Góra auf, und im Südosten krönen die Felszacken der 80 Kilometer entfernten Hohen Tatra das Panorama.

Abwechslungsreich ist auch der Streckenverlauf der FIS. Nach einer zahmen, aussichtsreichen Ouvertüre auf dem Bergkamm kippt die Piste in zwei S-Kurven in die steilen Waldhänge der Nordflanke des Skrzyczne. Es folgt ein mehr als 60 Meter breiter Schusshang, bevor die FIS auf ihren letzten 200 Höhenmetern noch mal mit zwei formidablen Kurvenkombinationen beeindruckt.

Skigebiet 524–1.245 Meter, 9 Lifte (Komfort: 7,25/10), 36 Kilometer Abfahrten (Komfort: 4,29 /10), 70 Prozent beschneit | **Abfahrtstyp** Piste schwer (beschneit) | **Schneebericht** www.szczyrkowski.pl | **Skisaison** Anfang Dez.–Anfang April | **Anreise** vom Grenzübergang Görlitz 408 Kilometer via Breslau, Gliwice, vom Flughafen Katowice 119 Kilometer, vom Bahnhof Bielsko-Biała 17 Kilometer | **Tipp** Was in Deutschland nur bei Achterbahnen üblich ist, gibt es in Szczyrk auch für Seilbahnen: den »Fast Pass«. Mit dem kann man am Lift separate Eingänge nutzen und so die Warteschlangen umgehen. Eine andere Möglichkeit, lange Schlangen zu meiden, bieten die »Fresh Tracks«: An vier Tagen pro Woche können maximal 80 Personen schon ab 7.30 Uhr mit der Gondelbahn Hala Skrzyczeńska auf den Berg fahren.

84 Die Petrovy Kameny
Schneegeister am Altvater

Nirgendwo sonst in der Tschechischen Republik fällt so viel Schnee wie am Praděd. Die sanft gerundete, kahle Kuppe des 1.491 Meter hohen Gipfels ist die höchste Erhebung des Altvatergebirges. Das bildet den östlichen Abschluss der Sudeten und ist nach dem Riesengebirge das zweithöchste Bergmassiv des Landes. Hier wird nach wie vor ausschließlich auf Naturschnee Ski gefahren, und auch sonst fühlt man sich auf dem Haupt des Altvaters in eine Zeit zurückversetzt, in der nicht alles besser, aber manches authentischer und schöner war – wie die Winter, die diesen Namen verdienten, und Skigebiete, in denen das Erleben der winterlichen Berge in all ihren faszinierenden Facetten im Vordergrund stand. Wofür auch Schlepplifte ausreichend waren.

Die bringen Skifahrer am Praděd bis knapp über die Baumgrenze. Jener von der kleinen Siedlung Ovčárna mit ihren beiden Hotels – die tief hinuntergezogenen Dächer und Natursteinfassaden sind ganz und gar gebirgstypisch – zum Vysoká hole (Hohe Heide) ist der höchste der Republik. Von der tischebenen Kammhöhe reicht der Blick bis zur 130 Kilometer entfernten Schneekoppe. Skiwanderer sind hier auf der rund 60 Kilometer langen, stets aussichtsreichen Jeseníky-Magistrale unterwegs.

Alpinskifahrer queren von hier aus hinüber Richtung Praděd, vorbei an der Felsformation Petrovy kameny (Peterstein), die im Mittelalter als Ort des Hexensabbats gefürchtet war. Ein Schwenk nach rechts, und man ist auf der gleichnamigen Piste, auf der man schnell durch den Krummholzgürtel mit seinen wunderschönen, von Raureif und Schnee zu bizarren Gestalten umgeformten Krüppelfichten fährt, hinab in den dichten Wald mit seinen hoch aufragenden Silberfichten. Viel zu schnell, denn die schwarz ausgewiesene, aber tatsächlich maximal rote Piste misst nur knapp 700 Meter. Der Praděd ist eben ein perfekter Berg zum Entschleunigen, keiner zum Kilometerfressen.

Skigebiet 1.250 – 1.440 Meter, 6 Lifte (Komfort: 3,15/10), 6 Kilometer Abfahrten (Komfort: 5,11/10), 0 Prozent beschneit | Abfahrtstyp Piste mittelschwer (nicht beschneit) | Schneebericht www.figura.cz | Skisaison Anfang Dez.–Mitte April | Anreise vom Grenzübergang Görlitz 295 Kilometer via Breslau und Zlaté Hory (im Winter nur Straße von Karlova Studánka befahrbar, nicht die von Kouty), vom Flughafen Ostrava 103 Kilometer, vom Bahnhof Kouty nad Desnou 46 Kilometer | Tipp Das Altvatergebirge ist eines der wenigen Kammgebirge der Tschechischen Republik, in dem nicht nur Skiwanderungen entlang der mit langen Stangen markierten Wege, sondern auch Skitouren im freien Gelände möglich sind. Dabei sollte man sich allerdings sowohl von den Schutzgebieten (hohe Bußgelder) als auch von den Lawinenhängen (siehe Winteransicht unter www.mappy.cz) fernhalten.

85 Die Skitour
Safari unter der Schneekoppe

Janské Lázně (Johannisbad) ist einer der traditionsreichsten Kur- und Wintersportorte im Riesengebirge und verfügt mit dem auf den Hausberg Černá hora (Schwarzenberg) hinaufzielenden Černohorský Express über die einzige Gondelbahn in einem tschechischen Skigebiet. Die Bahn erschließt schöne Waldabfahrten über knapp 600 Höhenmeter, was Janské Lázně in die Top-Riege der tschechischen Skiareale befördert.

Das wirklich besondere Erlebnis wartet aber hinter der Bergstation des Černohorský Express. Dort starten alle 15 Minuten Schneeraupen und bringen Wintersportler zum höchsten Punkt des Gipfelplateaus. Von dort aus führt ein abschüssiger Skiweg, der auch von Langläufern genutzt wird, nach Norden auf den Hauptkamm des Riesengebirges zu. Unterwegs rückt erstmals die Schneekoppe ins Blickfeld. Es geht durch Wald und über Lichtungen und schließlich hinein in eine offene Senke, wo eine weitere Schneeraupe wartet. Sie überwindet einen kurzen Anstieg, folgt für ein Stück dem Gebirgskamm und spuckt ihre Passagiere direkt oberhalb des Skigebiets Javor aus, das zu Pec pod Sněžkou (Petzer) gehört. Bei der Abfahrt hat man den vielleicht schönsten Blick auf den höchsten Berg der Tschechischen Republik. Die hoch über die Waldgrenze aufragende, 1.602 Meter hohe Sněžka besticht durch ihre ebenmäßige, sanft gerundete Gratlinie. Ihre verlockenden Hänge sind für Schneesportler indes außer Reichweite, denn sie liegt im Nationalpark, wo alpines Skifahren verboten ist.

Weite Almwiesen mit zahlreich darauf verteilten Bauden prägen das Skigebiet Javor, es lohnt sich, hier ein paar Abfahrten zu machen, bevor man an der Talstation des Doppelschlepplifts Javor in den Skibus zurück zur Talstation der Gondelbahn in Janské Lázně steigt. Der passiert unterwegs das Skigebiet von Velká Úpa. Dessen schöne, lange Abfahrt ist ein krönender Abschluss der »Skitour« genannten Ski-Safari durch das Riesengebirge.

Skigebiet Černá hora: 646–1.260 Meter, 11 Lifte (Komfort: 6,66/10), 19 Kilometer Abfahrten (Komfort: 4,42/10), 85 Prozent beschneit; Javor: 830–1.215 Meter, 12 Lifte (Komfort: 3,98/10), 14 Kilometer Abfahrten (Komfort: 4,89/10), 80 Prozent beschneit | Abfahrtstyp Piste leicht (beschneit) | Schneebericht www.skiresort.cz | Skisaison Anfang Dez.–Anfang April | Anreise vom Grenzübergang Zittau 110 Kilometer via Liberec, vom Flughafen Prag 159 Kilometer, vom Bahnhof Nová Paka 38 Kilometer | Tipp Ein Besuch in Petzer wäre nicht komplett ohne eine Fahrt auf die Schneekoppe. Die Vierergondelbahn befördert Fußgänger und Langläufer in zwei Sektionen bis zum Gipfelrestaurant, das zwar kein architektonisches Kleinod ist wie so viele Bauden auf dem Riesengebirgskamm, aber immerhin Schutz vor der nicht selten rauen Witterung bietet. Bei schönem Wetter genießt man vom Gipfel ein großartiges Panorama.

86 Die Stoh
Weiße Wand über St. Peter

Bohumír Zeman aus Vrchlabí war einer der erfolgreichsten Skirennläufer der Tschechoslowakei: 1981 gewann er die Hahnenkamm-Kombination in Kitzbühel, ein Jahr zuvor war er in Lake Placid Olympiavierter in dieser Disziplin geworden. Das alles ist jedoch fast nichts im Vergleich zu den Errungenschaften von Ester Ledecká. Die vollbrachte bei Olympia 2018 in Pyeongchang das Kunststück, erst mit Startnummer 26 und auf gebrauchten Skiern (Mikaela Shiffrin hatte sie ihr überlassen) Gold im Alpinen Super-G und eine Woche später mit dem Snowboard den Parallelslalom zu gewinnen. Letzteres wiederholte sie vier Jahre später in Peking.

Aber Zeman war an Ledeckás Erfolgen nicht ganz unbeteiligt. Nach dem Ende seiner sportlichen Karriere wurde er nämlich Bürgermeister von Vrchlabís Nachbarort Špindlerův Mlýn (Spindlermühle), das von jeher einer der beliebtesten Wintersportorte im Riesengebirge war. Dort schuf er eine Trainingspiste für den Skinachwuchs, damit andere in seine Fußstapfen treten konnten. Die Piste entstand im Ortsteil Svatý Petr, eine fast 400 Meter hohe, wie mit dem Lineal gezogene, 50 Meter breite weiße Wand, auf den ersten 400 Längenmetern mit 45 Prozent, auf den zweiten mit 35 Prozent Neigung: die Stoh.

Wie der Zufall es wollte, besaßen ausgerechnet dort die Eltern der kleinen Ester ein Ferienhaus. Als Zweijährige stand sie 1997 das erste Mal auf Skiern, mit fünf begann sie mit dem Snowboarden. Und außer guten Genen – der Großvater hatte zwei olympische Medaillen im Eishockey gewonnen, die Mutter war Eiskunstläuferin – ermöglichte dieser ideale Trainingshang vor der Tür, dass Zemans Rechnung aufging. Ledeckás Erfolge wiederum sorgten dafür, dass heute mehr junge Talente auf der Stoh an ihrer Technik feilen als je zuvor. Es ist die pure Freude, ihnen dabei zuzusehen – und nebenbei selbst diese Abschussrampe von einer Piste unter die Bretter zu nehmen.

Skigebiet 702–1.235 Meter, 17 Lifte (Komfort: 5,38/10), 28 Kilometer Abfahrten (Komfort: 4,53/10), 92 Prozent beschneit | Abfahrtstyp Piste schwer (beschneit) | Schneebericht www.skiareal.cz | Skisaison Anfang Dez.–Mitte April | Anreise vom Grenzübergang Zittau 108 Kilometer via Liberec, vom Flughafen Prag 158 Kilometer, vom Bahnhof Nová Paka 36 Kilometer | Tipp Auch als Alpinskifahrer sollte man einmal eine Skiwanderung über den Riesengebirgskamm machen. Eine famose Runde führt von der Bergstation der Sesselbahn Pláň (1.189 Meter) über 30 Kilometer vorbei an den Bauden des alten Höhendorfs Klínove Boudy, über den Luční hora (1.555 Meter) und den Hauptkamm, an den Schneegruben am Hohen Rad (Aussichtsplattform) entlang bis zum Medvědín (1.235 Meter).

87 Die Jáchymovská
Auf der Überholspur

Der 1.244 Meter hohe Klínovec (zu Deutsch: Keilberg) ist der höchste Berg des Erzgebirges. Direkt zu seinen Füßen liegt Oberwiesenthal, überragt vom Fichtelberg, einst höchster Berg der DDR, heute immerhin noch das Dach Sachsens. Oberwiesenthal genoss in der DDR als einziges alpines Skizentrum eine Sonderstellung, worauf man sich eine Menge einbildete. Als man nach der Wende in den Genuss aberwitzig hoher Förderbeträge kam und 1999 die seinerzeit größte Beschneiungsanlage Deutschlands und eine neue Vierersesselbahn in Betrieb gingen, wähnte man sich gegenüber dem konkurrierenden Skigebiet drüben am Keilberg, wo immer noch veraltete Lifte aus sozialistischen Zeiten liefen, endgültig auf der Siegerstraße. Weiterdenken und die Vision einer Skigebietsverbindung angehen? Bloß nicht, das würde ja das Preisniveau runterziehen und die Qualität sowieso.

Als die Tschechische Republik 2004 der EU beitrat, kam plötzlich auch der Keilberg in den Genuss der Gelder aus Brüssel. Man nutzte sie äußerst gewinnbringend und entwickelte den Berg zu einem der besten Skigebiete der europäischen Mittelgebirge. Sinnbildlich für den Wandel vom hässlichen Entlein zum stolzen Schwan steht die Jáchymovská. Einst eine schmale Waldschneise, die an einem nicht mehr zuverlässig laufenden Einersessel endete, ist sie heute eine 70 Meter breite, 2,5 Kilometer lange beschneite Paradepiste über 481 Höhenmeter, bedient durch einen Express-Lift, dessen Talstation gegenüber der des alten Einers so geschickt verlegt wurde, dass eine Verbindung mit dem benachbarten Areal Neklid möglich wurde, die dem Keilberg viele zusätzliche Pistenkilometer bescherte. Am Fichtelberg herrscht hingegen seit 1999 Stillstand, das Skigebiet schrumpfte sogar. Heute kostet der Skipass am Keilberg deutlich mehr als am Fichtelberg. Es überholen eben nicht die Großen die Kleinen, sondern die Schnellen die Langsamen.

Skigebiet 763–1.244 Meter, 16 Lifte (Komfort: 5,88/10), 32 Kilometer Abfahrten (Komfort: 4,83/10), 80 Prozent beschneit | Abfahrtstyp Piste mittelschwer (beschneit) | Schneebericht www.klinovec.cz | Skisaison Anfang Dez.–Mitte April | Anreise vom Grenzübergang Schirnding 78 Kilometer via Karlsbad, ab Chemnitz 62 Kilometer via B95, vom Flughafen Prag 122 Kilometer, vom Bahnhof Karlsbad 22 Kilometer | Tipp Ein Besuch im mondänen Kurort Karlsbad ist ein Muss. Ob zum Après-Ski, für einen Konzert- oder Theaterbesuch, einen Bummel durch die Säulengänge der Kolonnaden im Kurzentrum oder zum Trinken des Wassers aus seinen 15 Heilquellen.

NIEDERLANDE, SÜD-LIMBURG, LANDGRAAF, SNOWWORLD

88 Die Rode Piste
Weltcup auf der Kohlehalde

Ganz Holland ist flach. Ganz Holland? Ja! Aber nicht die ganzen Niederlande. Während die an der Küste gelegenen Provinzen Noord- und Zuid-Holland zu großen Teilen sogar unter dem Meeresspiegel liegen, erreicht der Vaalser Berg, der ganz im Südosten der Niederlande in der Provinz Limburg aufragt, eine Höhe von 322,4 Metern über dem Meer. Außer den Ausläufern der Ardennen sorgen in der Bergbauregion Süd-Limburg auch Kohlehalden für ein bewegtes Relief. Auf die 225 Meter hohe Halde Wilhelminaberg bei Landgraaf führte schon in den 1980er Jahren eine Doppelsesselbahn. Der Gipfel bot nicht nur einen weiten Rundumblick, sondern bildete auch den Startpunkt einer der längsten Mattenskipisten der Welt.

Als in den 1990er Jahren in den Niederlanden und Belgien immer mehr Skihallen eröffneten, die statt gewöhnungsbedürftigem Rutschen über Kunststoffnoppen ganzjährig Abfahrten auf echtem Schnee boten, beschloss man, auch den Wilhelminaberg zu überdachen. Immerhin konnte man sich hier die aufwendige Aufständerung sparen, die Skihallen im Flachland benötigten, um die fürs Skifahren unabdingbare schiefe Ebene zu kreieren. 2001 eröffnete die Snowworld Landgraaf und war von Beginn an ein Erfolg. Schon 2003 erweiterte man die Schneefläche auf 35.000 Quadratmeter, damals Weltrekord. Anlässlich dessen richtete man das erste Indoor-Weltcuprennen überhaupt aus, einen Snowboard-Parallelslalom der Männer.

Der Snowpark unter dem Sechsersessellift ist einer der Hauptanziehungspunkte der Schneesporthalle, die immer noch die flächenmäßig größte Europas ist. Die 390 Meter lange, rot markierte Skipiste ist mit ihrem gleichmäßigem Profil und rund 20 Prozent Neigung eine der besten Hallenpisten des Kontinents. Man kann einen gleichmäßigen Rhythmus fahren und perfekt die Technik schulen. Weit besser als früher auf den Kunststoffmatten. Nur um den schönen Ausblick ist es etwas schade.

Skigebiet 158–225 Meter, 4 Lifte (Komfort: 4,53/10), 1,5 Kilometer Abfahrten (Komfort: 3,77/10), 100 Prozent beschneit | **Abfahrtstyp** Piste mittelschwer (beschneit) | **Schneebericht** Informationen www.snowworld.com | **Skisaison** ganzjährig | **Anreise** ab Grenzübergang Aachen 9 Kilometer, vom Flughafen Köln 95 Kilometer, Bahnhof in Landgraaf | **Tipp** Am Fuß des Wilhelminabergs befindet sich einer der größten Kletterparks Europas, und der 510 Meter lange Alpine Coaster bietet Abfahrtsspaß auch für Nicht-Schneesportler. Zur Aussichtsplattform auf dem Gipfel führen eine 248 Meter lange Treppe mit 508 Stufen und verschiedene Wanderwege.

ENGLAND, LAKE DISTRICT, GLENRIDDING, RAISE MOUNTAIN

89 Der President's Run
For the really dedicated only

Die Berge im Lake District sind kahl und im Winter sturmumtost. Nur auf wenigen Hängen kann sich eine Schneedecke bilden. Einer davon ist der Nordhang des 883 Meter hohen Raise Mountain. Ein Tellerlift bedient hier neun Abfahrten, der President's Run ist dank flankierender Zäune die schneesicherste. An ihrem Ende steht die einfache Hütte des »Lake District Ski Club«. Seine Mitglieder halten das Skigebiet mit viel ehrenamtlichem Engagement am Laufen. Wer den Lift nutzen will, muss Mitglied werden.

Das kostet pro Tag 20 Pfund, für die Saison 50 Pfund. Zur Feier des 75-jährigen Club-Jubiläums erhielt die Skihütte eine Toilette mit Wasserspülung, Englands zweithöchste, ein komfortmäßiger Quantensprung. Was es bis heute nicht gibt, ist eine Zufahrtsstraße. Vom Parkplatz am Helvellyn Youth Hostel sind es 400 Höhenmeter bis zum Lift, die man zu Fuß aufsteigen muss. Im oberen Bereich existiert kein Weg mehr. Ein GPS-Gerät ist äußerst ratsam. Auch Steigeisen sollte man haben, es gibt ausgesetzte Stellen, die bei Eis gefährlich sind. Ein Sturz kann wegen Felsabbrüchen böse enden. Die Skiausrüstung muss man tragen.

Am Lift warten neue Herausforderungen. Die Trasse hängt teils stark, es ist schwer, die Spur zu halten. Bergab geht es dann keineswegs auf präparierten Pisten, Raise ist eher ein Freeriding-Spot mit Lift. Pulver ist allerdings die Ausnahme, Bruchharsch oder Eis die Regel. Das Wetter ist berüchtigt, das nahe Meer sorgt für viele Wolken, Wind und reichlich Niederschlag, der selbst im Hochwinter häufig als Regen fällt – und dann meist sehr ergiebig.

Wer derlei Unbill auf sich nimmt, wird mit etwas Glück aber mit einem großartigen Erlebnis belohnt. Bei Sonne, ausreichend Schnee und guter Sicht über die Seen- und Gebirgslandschaft des Lake District ist es ein sehr erhabenes Gefühl, diesen so speziellen Ort mit nur wenigen Gleichgesinnten zu teilen.

Skigebiet 690–845 Meter, 2 Lifte (Komfort: 3,42/10), 4 Kilometer Abfahrten (Komfort: 3,96/10) | Abfahrtstyp Skiroute (nicht beschneit) | Schneebericht www.ldscsnowski.co.uk | Skisaison je nach Schneelage, potenziell Dez.–April, unter der Woche nur sporadischer Betrieb | Anreise vom Flughafen Manchester 192 Kilometer via Lancaster, M6, Penrith und Glenridding, vom Bahnhof Penrith 23 Kilometer | Tipp Da im atlantischen England auf Schnee kein Verlass ist, sollte man alternativ die Wanderschuhe einpacken. Im Lake District National Park kann man auch im Winter herrliche Wanderungen unternehmen. Der Kentmere Horseshoe bietet großartige Blicke auf die Fells, wie die Berge hier heißen. Und wie im Sommer gilt die goldene Hillwalker-Regel, dass es kein schlechtes Wetter, sondern nur schlechte Kleidung gibt.

90 Die Flypaper
For Brave Hearts only

In Schottland herrschen mit die wechselhaftesten Wetterverhältnisse der Welt. Das Einzige, worauf man sich beim schottischen Wetter verlassen kann, ist Unbeständigkeit. Für Skifahrer ist das eine Herausforderung. Wenn Schnee liegt und die Lifte geöffnet sind, muss man quasi fahren, egal, wie das Wetter ist, denn schon am nächsten Tag könnte es mit dem Schnee vorbei sein. Andererseits ist die Schönheit der Highlands bei jedem Wetter atemberaubend, und man kann hier unvergessliche Abfahrten erleben.

Von den fünf schottischen Skigebieten bietet das oberhalb des gleichnamigen Tals gelegene Glencoe mit 710 Metern die größte Höhendifferenz, wenngleich man meist nur die oberen 400 fahren kann. Es ist auch das älteste Skigebiet des Landes und hat sich seit seiner Eröffnung im Jahr 1956 kaum verändert. Das Areal gleicht einem Skiliftmuseum, und doch sind die Museumsstücke hier noch aktiv und in Betrieb. Der 1960 errichtete Cliffhanger-Lift ist ein Relikt aus einer vergangenen Ära und einer der wenigen noch existierenden Einzelsessellifte der Welt. Die Fahrt kann haarsträubend sein, wenn Windböen die Sessel mit voller Wucht hin und her schaukeln lassen.

Eine passende Vorbereitung für das, was oben wartet: »Flypaper«, die steilste Piste der Britischen Inseln und eine der steilsten offiziellen Pisten der Welt – ein 45-Grad-Prachtstück. Schon das Panorama ist atemberaubend: Man blickt hinunter auf die unzähligen Grüntöne einer mit Seen und Bachläufen gesprenkelten Moorlandschaft. Direkt am Fuß der Piste sieht man normalerweise einen Haufen Lawinenschutt. Will man nicht Teil dieses Haufens werden, sollte man Flypaper bei Neuschnee lieber meiden. Aber wenn man Glück hat und zufällig an einem Tag vorbeikommt, an dem der Wind nicht zu stark ist, die Lifte bis zum Gipfel laufen und Flypaper mit Firnschnee aufwartet, dann kann man hier vielleicht die beste Abfahrt seines Skifahrerlebens genießen.

Skigebiet 360–1.070 Meter, 9 Lifte (Komfort: 4,71/10), 18 Kilometer Abfahrten (Komfort: 5,53/10), 3 Prozent beschneit | Abfahrtstyp Piste schwer (nicht beschneit) | Schneebericht www.glencoemountain.co.uk | Skisaison Mitte Dez.–Anfang April | Anreise ab Fährterminal Dover 883 Kilometer via Cambridge, Glasgow, vom Flughafen Glasgow 115 Kilometer, vom Bahnhof Fort William 47 Kilometer | Tipp Weniger als eine Stunde vom Glencoe entfernt liegt die Ben Nevis Distillery in Fort William. Die 1825 gegründete Destillerie ist eine der ältesten Schottlands. Es gibt ein Besucherzentrum und die Gelegenheit zu Besichtigungen samt Whiskyverkostung.

91 Die White Lady
Die Röcke der weißen Dame

Skipisten haben ihre Namen aus vielen verschiedenen Gründen. Einige sind nach Personen benannt, die in der Geschichte dieses Skigebiets eine Schlüsselrolle gespielt haben, andere nach einem Begriff, der das Skierlebnis auf ihnen beschreibt, wieder andere haben keinen Namen, sondern nur eine Nummer.

Die Schotten benennen Pisten nicht selten nach der Form, die der Schnee an einem Berghang bildet, sobald Tauwetter eingesetzt hat und die grüne und violette Heide die Reste umgibt. Das kann eine Schneegans sein, wie im Skigebiet Nevis Range, am Cairngorm Mountain ist es eine weiße Dame.

Natürlich wird kaum ein Skifahrer einen Besuch bei Tauwetter planen, nur um die namensgebende Form betrachten zu können, zumal es ohnehin einer gewissen Phantasie bedarf, das Bild in den Schneeresten zu erkennen. Aber wenn man es sieht, ist es doch offensichtlich: Die Dame trägt einen breitkrempigen Hut und einen großen Schlepprock und hat die Arme nach Nordosten ausgestreckt. Wann sie zum ersten Mal erblickt wurde und ob es sich um eine bestimmte Frau handelt, ist beim Après-Ski in den Pubs unten im Skiort Aviemore regelmäßig Gegenstand langwieriger Debatten; die Theorien werden umso wilder, je mehr Scotch Whisky die Kehlen hinuntergespült wird.

Unbestritten ist die White Lady die berühmteste Skiabfahrt Schottlands. Schon vor mehr als einem Jahrhundert wanderten Skifahrer die 15 Kilometer von Aviemore hinauf zum Cairngorm, um sie hinabzufahren. Der erste Skilift wurde 1961 installiert, heute führt eine Standseilbahn auf den häufig sturmumtosten Berg. Das Wetter oder vielmehr der Klimawandel machen Skifahren auf der weißen Dame inzwischen leider zum Lotteriespiel, auf Schnee ist kein Verlass mehr. So erscheint die Dame nicht mehr nur im Frühjahr, sondern immer häufiger auch wiederholt während des Winters. Die schöne Form ist dann ein schwacher Trost für die entgangene Gelegenheit zum Skifahren.

Skigebiet 630–1.150 Meter, 11 Lifte (Komfort: 4,62/10), 27 Kilometer Abfahrten (Komfort: 5,53/10), 1 Prozent beschneit | Abfahrtstyp Piste mittelschwer (nicht beschneit) | Schneebericht www.cairngormmountain.co.uk | Skisaison Mitte Dez.–Mitte April | Anreise ab Fährterminal Dover 978 Kilometer via Cambridge, Glasgow, vom Flughafen Inverness 79 Kilometer, vom Bahnhof Aviemore 15 Kilometer | Tipp Schnee oder nicht, mit der Funicular, der Standseilbahn, kann man auf jeden Fall zum Ptarmigan Restaurant hochfahren. Auf 1.097 Metern ist es das höchstgelegene der Britischen Inseln. Die Bahn eröffnete 2001 und ist nach einer mehrjährigen Renovierung jetzt wieder in Betrieb. Neben dem Restaurant erwarten die Besucher an der Bergstation eine immersive Ausstellung, eine Gin-Bar und eine Aussichtsterrasse.

ISLAND, BRENNISTEINSFJÖLL, KÓPAVOGUR, BLÁFJÖLL

92 Die Kóngurinn
Wo sich die Kontinente scheiden

Kóngurinn, König, heißt die Sesselbahn zum höchsten Punkt des Skigebiets Bláfjöll, der Wiege der meisten isländischen Skifahrer, denn rund um die Blauen Berge leben fast zwei Drittel der gesamten Bevölkerung Islands. Königlich ist an der Bahn selbst allenfalls, dass sie trotz ihres hohen Alters noch würdevoll ihren Dienst tut. Die gleichnamige Abfahrt indes besticht mit einem wahrhaft königlichen Panorama: Eine Welt in Pastelltönen liegt dem Betrachter zu Füßen, purpurn schimmerndes Gestein, das Türkis der hier und da ausgelegten Teppiche aus Moos und ein zartes Rosa dort, wo die tief stehende Sonne auf Schnee trifft. Kein Baum und kein Strauch kann es mit dem rauen Klima aufnehmen, nichts stellt sich dem Blick in den Weg, der in der kristallklaren Luft sehr, sehr weit schweifen kann. Im Norden über die Stadt und das Meer, dahinter bilden die Rinnen der schroffen Südflanke des Esja den Blickfang, ebenso wie sie es in vielen Gassen Reykjavíks tun. In der Ferne ragen die flachen Kuppen der Gletscherberge auf, im Osten der Eyjafjallajökull, dessen Ausbruch 2010 für einige Tage den Luftverkehr über dem Nordatlantik zum Erliegen brachte. Im Westen sieht man bisweilen Rauch aus der aktiven Vulkanzone von Grindavik aufsteigen.

Die vulkanischen Aktivitäten des Bláfjöll selbst reichen weit länger zurück. Der Bergzug ist Teil des mittelatlantischen Rückens, der sich in Island über den Meeresspiegel erhebt. Quer über die Insel verläuft der Grabenbruch, an dem aufsteigende Magma dafür sorgt, dass die nordamerikanische und die eurasische Platte beständig auseinanderdriften. Die Kóngurinn liegt so gerade noch in Europa. Die Bergkuppen jenseits des Parkplatzes ragen bereits auf der nordamerikanischen Kontinentalplatte auf. Bis die Skifahrer aus Reykjavík spürbar länger nach Bláfjöll fahren müssen, wird es bei einer Verschiebung von acht Millimetern pro Jahr zwar noch dauern, die Kontinente wechseln sie indes schon heute bei jedem Ausflug zu ihrem beliebtesten Skigebiet.

Skigebiet 450–675 Meter, 14 Lifte (Komfort: 5,07/10), 10 Kilometer Abfahrten (Komfort: 4,19/10) | **Abfahrtstyp** Piste leicht (beschneit) | **Schneebericht** www.skidasvaedi.is | **Skisaison** Ende Dez.–Ende April | **Anreise** vom Flughafen Keflavík 61 Kilometer, ab Reykjavík (direkte Busverbindung) 32 Kilometer | **Tipp** Die isländische Variante des Après-Ski ist ein Bad in heißem Wasser. Unverzichtbares Requisit ist dabei die Mütze wegen des kalten Windes. In und um Reykjavík gibt es zahlreiche heiße Quellen. Die wohl bekannteste, allerdings weit außerhalb der Stadt gelegene ist die Blaue Lagune. Die Städter ziehen daher die kleineren kommunalen Bäder wie das Vesturbæjarlaug oder das Laugardalslaug vor, die zwar schlichter, aber dafür ohne Touristen daherkommen.

93 Die Brattabrekka

Schneeloch über dem Eyafjord

Isländer, die einen Skiurlaub im Heimatland verbringen, tun das in Akureyri. Das liegt ganz im Norden der Insel an der Mündung des Eyja-Flusses in den gleichnamigen Fjord und ist Islands größte Stadt außerhalb der Hauptstadtregion. Für von Norden anströmende Luftmassen wirkt der sich nach Süden stetig verengende Taleinschnitt in die hier bis zu 1.500 Meter hohen Berge wie eine Düse, die die Luft komprimiert und so die Feuchtigkeit aus ihr herauspresst. Das Ergebnis: reichlich Schnee – durchschnittlich liegt der in Islands Winterhauptstadt an 118 Tagen und damit fast doppelt so lang wie in Reykjavík.

Schneehöhen von zwei bis drei Metern, wie sie das Städtchen noch vor 30 Jahren regelmäßig erlebte, verzeichnet man heutzutage aber nur noch am Hlíðarfjall. Das ist Akureyris Hausberg, Trainingszentrum des isländischen alpinen Skiteams, alljährlich Ziel zahlreicher Schulgruppen und Warm-up-Revier ausländischer Freerider, für die die Berge rund um den Eyafjord ein wahres Eldorado darstellen. Während die Schulgruppen in der flachen unteren Etage des Hlíðarfjalls bleiben, erschließen die Lifte im zweiten Stock bereits reichlich anspruchsvolles Terrain wie die Brattabrekka, was übersetzt schlicht »Steilhang« bedeutet. Wer von den Bergstationen bis zum Grat aufsteigt, gelangt zu noch steilerem und ungewalztem Gelände.

Etwas bequemer erreicht man das am Kaldbaksferðir. Den 1.173 Meter hohen Gipfel oberhalb von Grenivík (30 Minuten nördlich von Akureyri) bedient eine Pistenraupe. Eine Fahrt kostet rund 60 Euro. Bei der Abfahrt kann man entweder der Raupenspur folgen und damit die längste präparierte Skiabfahrt Islands unter die Bretter nehmen oder im freien Gelände zum Ostufer des Eyafjords hinabstauben. Nicht ausgeschlossen, dass man dort auch Tourengeher oder Heliski-Gruppen trifft – rund um Akureyri führen viele Wege zu den Startplätzen all der großartigen Abfahrten.

Skigebiet 500–1.012 Meter, 8 Lifte (Komfort: 4,50/10), 16 Kilometer Abfahrten (Komfort: 4,83/10) | Abfahrtstyp Piste schwer | Schneebericht www.hlidarfjall.is, www.kaldbaksferdir.com | Skisaison Dez.–1. Mai | Anreise Flüge nach Akureyri vom innerstädtischen Reykjavík City Airport (Flugdauer 45 Minuten), per Auto 387 Kilometer von Reykjavík (5 Stunden), Skigebiet 7 Kilometer oberhalb des Stadtzentrums | Tipp Auch im Winter lohnen von Akureyri aus Ausflüge zum Wasserfall Goðafoss und zur vulkanischen Zone von Mývatn mit der Kraterlandschaft Skútustaðagígar, den bizarren Lavaformationen von Dimmuborgir, dem Geothermalbad Mývatn Nature Baths sowie der geothermische Zone von Hverir am Fuß des Vulkans Námafjall mit ihren kochenden Quellen, dem blubberndem Schlamm und den zischenden Solfataren.

94 Die Elvershei-Varianten
Der angeblich schneereichste Ort Europas

Im norwegischen Fjordland tragen schon 1.000 Meter hohe Berge Gletscher. Ein ziemlich sicheres Indiz dafür, dass es hier viel schneit. Dem Skigebiet Røldal bescheinigt das norwegische Patentamt, der »schneereichste Ort Europas« zu sein. Egal, wie man die meteorologische Kompetenz dieses Amtes bewertet, elf Meter Schneefall pro Jahr sind ein Wort. Der Schnee liegt bis Mittsommer, aber ab Mitte Mai kommt nur noch das norwegische Skiteam zum frühsommerlichen Training. Selten bevölkern mehr als 50 Skifahrer das Areal, dessen gewalzte Strecken eher eine freundliche Konzession an eine Minderheit der Gäste sind.

Die Pisten sind beim Blick auf den Berg nur schwer auszumachen, da die Markierungspfosten fehlen. Die stellen sie hier morgens nur bei schlechter Sicht auf – um sie abends wieder einzusammeln. Ansonsten wären sie am nächsten Morgen unter einer dicken Schneedecke verschwunden, an 40 bis 50 Tagen pro Saison gibt es 10 Zentimeter oder mehr Neuschnee. Beste Voraussetzungen also, das zu tun, wofür die meisten Skifahrer diesen Ort ansteuern: Freeriding. Besonders schöne Varianten bieten die Hänge am Elvershei, die bis weit hinunter zur Zufahrtsstraße vom Dorf reichen. Per Skibus gelangt man wieder zurück zu den Liften. Gegenüber locken die Couloirs, wo 2012 die Freeride World Tour gastierte. Mit ein wenig Traversieren steht einem in Røldal eine ganze Freeriding-Welt offen, mit kurzen Anstiegen ein ganzes Universum.

Kein Wunder, dass 20 Kinder des örtlichen Sportvereins in dessen »Future Freeriders«-Team sind – bei gerade mal 600 Einwohnern. Røldal ist ein Ort wie aus einer anderen Zeit, das Talstationsgebäude eine bessere Garage, die meisten Lifte sind alt und langsam, und irgendwie kennt jeder jeden. Vor allem wegen der abgeschiedenen Lage hat die Moderne hier noch nicht so ganz Einzug gehalten, und die meisten Gäste hoffen, dass das so bleibt.

Skigebiet 680–1.300 Meter, 7 Lifte (Komfort: 4,31/10), 13 Kilometer Abfahrten (Komfort: 4,81/10), 2 Prozent beschneit | Abfahrtstyp Tourenabfahrt schwer (nicht beschneit) | Schneebericht www.roldal.com | Skisaison Anfang Dez.–Anfang Mai | Anreise vom Flughafen Bergen 166 Kilometer, vom Fährterminal Oslo 300 Kilometer (Fähre von Kiel über Nacht), vom Bahnhof Voss 124 Kilometer | Tipp Røldals einzige Sehenswürdigkeit ist seine Stabkirche. Sie wurde zwischen 1200 und 1250 errichtet und war wegen ihres Kruzifixes mit einem angeblich schwitzenden Jesus bis ins 19. Jahrhundert ein wichtiger Pilgerort. Im Gegensatz zur Kirche ist das stylische Restaurant Røldalsterrassen auch im Winter geöffnet. Es bietet eine phantastische Aussicht über das Håradalen Tal, auf den Tisch kommen Gerichte aus lokalen Zutaten.

95 — Der Gaustatoppen
Geheime U-Bahn ins Freeride-Paradies

Es heißt, vom Gipfel des Gaustatoppen sähe man ein Sechstel Norwegens. Kein Wunder, dass die NATO auf dem 1.883 Meter hohen Berg Sendeanlagen errichtete. Dazu waren riesige Kavernen in die Gipfelfelsen getrieben worden. Die Versorgung erfolgte durch eine unterirdische Seilbahn, der selbst starke Bomben nichts hätten anhaben können. Als die Bahn 1954 gebaut wurde, lagen die Luftangriffe auf das Kraftwerk Vemork am Fuß des Bergs erst gut zehn Jahre zurück. Dort hatten die Nazis sogenanntes schweres Wasser produziert, einen Grundstoff für die Atombombe. Zwar baute die Wehrmacht das Kraftwerk nach dem Angriff wieder auf, das Rennen um die Bombe war aber verloren.

Das Wissen um die Bahn im Berg ging im Laufe der Jahre ebenfalls verschütt. Erst als der Kalte Krieg vorüber war, lüftete sich das Geheimnis. Seit 2011 ist die Bahn für Touristen zugänglich. Spannend ist die Auffahrt noch immer. Durch eine schwere Stahltür gelangt man an der Talstation in einen kurzen Tunnel. Dort wartet eine batteriebetriebene Kleinbahn, Ski und Stöcke werden im offenen Anhänger verstaut. Dann rattert die Bahn durch einen grob ausgehauenen Stollen tief in den Berg hinein. Dort heißt es: umsteigen in eine Standseilbahn, die auf einer 40 Grad steilen Trasse gipfelwärts fährt. Das Material kommt in eine an die Rückseite montierte Lade. Am Ziel bilden die zehn Passagiere auf der steilen Treppe eine Kette und reichen die Skier von unten nach oben durch.

Es folgen ein weiterer Tunnel und eine irgendwie vom Schnee frei gehaltene Luke, durch die man wieder in die Oberwelt krabbelt – und was für eine! Da ist dieses gewaltige Panorama, und da sind diese bis zu 45 Grad steilen Rinnen in der Ostflanke des Bergs, phantastisches Freeride-Gelände – für Könner! Off-Piste-Novizen können eine Abfahrt von diesem großartigen Berg aber ebenso genießen, dank der markierten Skiroute entlang seiner sanften Schulter.

Skigebiet 1.150–1.800 Meter (Skigebiet Gausta 710–1.260 Meter), 13 Lifte im benachbarten Gausta Skisenter, plus Gaustabanen (Komfort insgesamt: 4,45/10), 37 Kilometer Abfahrten in Gausta, dort 80 Prozent beschneit | **Abfahrtstyp** Skiroute mittelschwer (nicht beschneit) | **Schneebericht** www.gausta.com | **Skisaison** Feb.–Juni; Gausta Skisenter: Nov.–Mitte April | **Anreise** vom Flughafen Oslo 230 Kilometer, vom Fährterminal Larvik 175 Kilometer (Fähre von Hirtshals/DK 3,75 Stunden), vom Bahnhof Notodden 78 Kilometer, Bus 185, 200 via Rjukan in 3 Stunden | **Tipp** Olav Svartdal wurde 1965 als Ski-Double für Kirk Douglas engagiert, als der in Rjukan den Kriegsfilm »Kennwort 'Schweres Wasser'« drehte. Svartdal stammte aus der Gegend, war bereits als Siebenjähriger beim Skispringen 18 Meter weit gekommen, im Krieg selbst im Untergrund aktiv gewesen, sprach Englisch und sah Douglas auch noch ähnlich. Das verdiente Geld steckte er in den Bau des Gaustablikk Høyfjellshotell, das seither die schönsten Blicke auf den Gaustatoppen bietet.

96 Die OL

Wo Stein Eriksen zur Legende wurde

Stein Eriksen gewann bei den Alpinen Ski-Weltmeisterschaften in Aspen 1949 seine erste Medaille: Bronze im Slalom. Damals waren die Skier aus Holz und die Stiefel aus Leder. Die starren Fahnen auf dem Slalomparcours zwangen die Skifahrer, um das Hindernis herumzufahren, ganz im Gegensatz zu den Kippstangen von heute. Eriksen ging die Tore in einem ganz eigenen Stil an. Er führte eine umgekehrte Schulterdrehung aus, um näher an die Hindernisse heranzukommen und schneller und flüssiger zu fahren. Harmonie und Eleganz der Bewegung waren ihm wichtig, Anmut für ihn das A und O des Sports.

Als seine Geburtsstadt Oslo 1952 die Olympischen Winterspiele ausrichtete, war Eriksen in seiner Heimat schon ein Star. Daher durfte er am Austragungsort der alpinen Wettbewerbe die olympische Flagge hissen. Er sollte sich dieser Ehre als würdig erweisen, denn er gewann für Norwegen die ersten olympischen Medaillen im alpinen Skisport überhaupt: Gold im Riesenslalom, Silber im Slalom. Die Pisten am Norefjell waren eigens für die Spiele erschlossen worden. Wegen Schneemangels mussten Soldaten der norwegischen Armee die Pisten mit aus den Bergen herantransportiertem Schnee und Wasser präparieren.

Eriksen wanderte in die USA aus, wo er dank seines inspirierenden Stils und seines Charismas rasch zur Berühmtheit wurde. Der Ort hingegen, an dem Eriksen seinen Ruhm begründete, reichte nie an dessen Bekanntheitsgrad heran. Dabei bietet das Norefjell die größte Höhendifferenz norwegischer Skigebiete, und die Pisten sind auch nach heutigen Maßstäben olympiatauglich, Schneesicherheit inbegriffen, denn mittlerweile säumen moderne Schnee-Erzeuger die OL, die historische Rennpiste, die sich in lang gezogenen Kurven durch den Wald zum fjordähnlichen Krøderen-See hinunterzieht und immer noch eine ideale Bühne für elegante Schwünge bietet – in memoriam des 2015 verstorbenen Stein Eriksen.

Skigebiet 178–1.188 Meter, 13 Lifte (Komfort: 4,52/10), 32 Kilometer Abfahrten (Komfort: 4,73/10), teils beschneit | Abfahrtstyp Skipiste schwer (beschneit) | Schneebericht www.norefjell.com | Skisaison Ende Nov.–Ende April | Anreise vom Flughafen Oslo 115 Kilometer, vom Fährterminal Oslo 103 Kilometer (Fähre von Kiel über Nacht), vom Bahnhof Hønefoss 50 Kilometer, Bus 241, 110 via Noresund in 1,25 Stunden | Tipp Rund 200 Kilometer Langlaufloipen werden am aussichtsreichen Norefjell gespurt, das dank seiner Höhenlage schneesicher bis ins späte Frühjahr ist. Von den Hütten des auf etwa 800 Metern gelegenen Resorts kann man meist direkt in die Spuren einsteigen.

97 Die Olympiabakke
Wo Wasmeier Stein Eriksen übertraf

Norwegen war ein gutes Pflaster für Markus Wasmeier, dem neben Felix Neureuther vielleicht bekanntesten deutschen Skirennläufer. In Oppdal holte Wasmeier 1984 seine ersten Weltcup-Punkte, und bei den Olympischen Winterspielen in Lillehammer setzte er den glanzvollen Schlusspunkt seiner erfolgreichen, aber auch sehr wechselhaften Karriere. Das war auch in Kvitfjell nicht anders, dem Skigebiet, das eigens für die Herrenrennen der Olympischen Winterspiele 1994 rund 50 Kilometer nördlich von Lillehammer erschlossen worden war. Zum Auftakt der Spiele belegte Wasmeier in der Abfahrt auf der 3.035 Meter langen Olympiabakke einen enttäuschenden 36. Platz. Zwei Jahre zuvor war er in dieser Disziplin an der Face de Bellevarde in Val d'Isère (siehe Piste 13) bei den Spielen von Albertville als Vierter noch ganz knapp an einer Medaille vorbeigefahren.

Als Nächstes stand in Kvitfjell der Super-G an, mit sechs Weltcupsiegen eigentlich Wasmaiers Paradedisziplin, doch viele erinnerten sich an die Spiele von Calgary, wo er 1988 das Kunststück vollbracht hatte, schon am ersten Tor auszuscheiden. Aber diesmal passte alles, Wasmaier raste völlig unerwartet zu seiner ersten olympischen Medaille – und die war gleich aus Gold. Sechs Tage später schrieb Wasmeier Ski-Geschichte, als er im Riesenslalom, in dem ihm niemals ein Weltcupsieg gelungen war, mit dem hauchdünnen Vorsprung von zwei Hundertstelsekunden erneut zu Gold fuhr.

Damit hatte Wasmeier sogar die norwegische Legende Stein Eriksen übertroffen. Ihm muss klar gewesen sein, dass das nicht mehr zu toppen war: Wenige Wochen nach den Spielen von Lillehammer erklärte er seinen Rücktritt vom Rennsport. Besser wurde es auch mit den Olympischen Spiele nicht mehr. Die Winterspiele im hübschen 30.000-Einwohner-Städtchen Lillehammer waren die letzten, die Maß und Mitte wahrten und auf breiter Front echte Begeisterung auslösten.

Skigebiet 185–1.032 Meter, 11 Lifte (Komfort: 5,37/10), 41 Kilometer Abfahrten (Komfort: 4,11/10), 80 Prozent beschneit | Abfahrtstyp Skipiste schwer (beschneit) | Schneebericht www.kvitfjell.no | Skisaison Anfang Nov.–Ende April | Anreise vom Flughafen Oslo 204 Kilometer, vom Fährterminal Oslo 235 Kilometer (Fähre von Kiel über Nacht), Bahnhof in Kvitfjell | Tipp Unweit der Talstation des Olympic Express, der vom Bahnhof beziehungsweise dem olympischen Zielraum hoch zum Kvitfjell zielt, steht die wunderschöne Stabkirche von Ringebu. Sie ist eine der größten der 28 noch erhaltenen norwegischen Stabkirchen und geht auf das Jahr 1220 zurück. Noch immer finden hier die Gemeindegottesdienste statt, von innen kann man sie leider nur im Sommer besichtigen.

98 Die Dalsnibba
Spektakulärer geht's nicht

Wenn es um das schönste Land der Welt geht, ist Norwegen stets ein Kandidat. Dementsprechend befinden sich viele der spektakulärsten Skiabfahrten der Welt auch in den norwegischen Bergen und Fjordländern. Die vielleicht beeindruckendste von allen ist eine ganz und gar ungewöhnliche Off-Piste-Abfahrt, die am Parkplatz des berühmten Aussichtspunkts Dalsnibba beginnt. Von hier aus blicken Touristen aus aller Welt 1.476 Meter tief auf den Geirangerfjord hinab. Man könnte diesen Ort tausend Mal besuchen, ohne jemals zu bemerken, dass sich nur ein paar Schritte hinter den vielen Touristenbussen der Einstieg in ein erstaunliches Off-Piste-Couloir befindet.

Die Dalsnibba-Abfahrt hat es in sich, sie ist nicht nur eine technisch anspruchsvolle Rinne, sie führt auch an einem tosenden Wasserfall vorbei, und weit unten liegt das dunkle, mysteriöse Wasser des Geirangerfjords. Der perfekte Monat für diese epische Abfahrt ist der Juni, wenn die Wiesen tief unten sattgrün sind und die Schneeschmelze dem Wasserfall volle Kraft verleiht. Erwischt man auch noch perfekten Firnschnee, dann fühlt es sich an, als wäre man gestorben und in den Freeride-Himmel aufgefahren. Das Erwachen aus diesem Traum erfolgt erst nach etwa 900 Höhenmetern an der Zufahrtsstraße. Per Anhalter gelangt man zurück zum Parkplatz.

Wer Lust auf noch mehr Frühjahrsskifahren hat, fährt von dort gut 30 Kilometer Richtung Stryn Sommerski. Der dortige Sessellift bedient einige weite, ideal geneigte Hänge für sehr genüssliche Carvingschwünge. Es gibt auch Rails für Freestyler und die Möglichkeit, über den Gletscher bis auf knapp 1.900 Meter aufzusteigen. Früher bediente ein Schlepplift oberhalb der Bergstation der Sesselbahn einige Abfahrten auf dem Eis, doch dessen Schmelze zwang zur Aufgabe des Lifts. Stattdessen geht es jetzt per Pistenraupe zu grandiosen Runs in der oberen Etage.

Skigebiet Stryn Sommerski: 1.053–1.331 Meter, 1 Lift (Komfort: 4,92/10), 4 Kilometer Abfahrten (nicht präpariert), 0 Prozent beschneit | **Abfahrtstyp** Dalsnibba: Tourenabfahrt schwer | **Schneebericht** www.strynsommerski.com | **Skisaison** Ende Mai–Mitte Juli | **Anreise** vom Flughafen Oslo 385 Kilometer, vom Fährterminal Oslo 425 Kilometer (Fähre von Kiel über Nacht) | **Tipp** Nach dem Skifahren hat man die Wahl: Am Geirangerfjord ein Kajak mieten und in etwa 90 Minuten zum berühmten Sieben-Schwestern-Wasserfall paddeln? Oder den steilen Bergpfad über die Klippen hinauf nach Skageflå wandern, einem verlassenen Bauernhof, der 250 Höhenmeter über dem Fjord thront? Als der Hof noch bewirtschaftet wurde, musste der Bauer seine Kinder beim Spielen stets anbinden, damit sie nicht in einem unvorsichtigen Moment über die Klippen in den Tod stürzten.

99 Die Meraftaløypa øvre
Aussichten im Überfluss

Norwegens Westküste ist gesäumt von einem Labyrinth langer, gewundener Fjorde, die dem Land eine erstaunliche Küstenlinie von 21.300 Kilometern bescheren. Die Fjorde sind oft von steilen Granitfelsen flankiert und mit einer Reihe von Wasserfällen gespickt. Das Skigebiet Strandafjellet bietet den vielleicht vollkommensten Blick auf diese so spektakuläre Landschaft, den man von einer Skipiste haben kann.

Das Areal liegt zehn Autominuten oberhalb von Stranda, einem Dorf mit etwa 3.500 Einwohnern an der Südseite des 100 Kilometer langen Storfjords. Zu beiden Seiten des Hevsdalen zielen Lifte bergwärts, zum Langedalsegga (983 Meter) und auf das Roaldshorn (1.230 Meter). Es ist erstaunlich, dass die dortigen Pisten trotz ihrer phantastischen Aussichten jenseits des Dorfs quasi unbekannt sind. Ski fahren hier eigentlich nur die Einheimischen und eine kleine Gefolgschaft von Skifahrern aus dem westnorwegischen Städtchen Ålesund. Dabei wurde hier schon 1957 einer der ersten Lifte Norwegens errichtet, angetrieben von einem VW-Käfer-1200-Motor mit vier Gängen.

Heute führt eine moderne Gondelbahn bis knapp unter den Gipfel des Roaldshorns, wo eine rote Piste namens Meraftaløypa øvre beginnt, die im Rennen um den Titel der schönsten Piste der Welt definitiv Finalchancen hätte. Wenn man dieses nach Osten ausgerichtete Vergnügen hinabgleitet, ist das schimmernde tiefblaue Wasser des Storfjords so nah, dass man das Gefühl hat, jeden Moment in den Fjord zu stürzen. Allerdings nur, wenn das Wetter es zulässt. Das ist in Westnorwegen berüchtigt und neben der Abgeschiedenheit Strandas vielleicht der zweite Grund dafür, dass die Strecke nach wie vor ein Geheimtipp ist. Wer gern abseits der Pisten fährt, kann auch die Skiroute Alperrittløypa im Norden hinabfahren, die über 5 Kilometer und 1.000 Höhenmeter über Stock und Stein bis in die Gärten der Wohnhäuser von Stranda führt.

Skigebiet 452–1.215 Meter, 6 Lifte (Komfort: 5,70/10), 27 Kilometer Abfahrten (Komfort: 4,27/10), 0 Prozent beschneit | Abfahrtstyp Skipiste mittelschwer (nicht beschneit) | Schneebericht www.strandafjellet.no | Skisaison Anfang Dez.–Ende April | Anreise vom Flughafen Ålesund 76 Kilometer (1,75 Stunden inklusive Fährstrecke), vom Fährterminal Oslo 552 Kilometer (Fähre von Kiel über Nacht), keine Bahnanbindung | Tipp Hotels in Norwegen bieten meist ein phantastisches Frühstücksbuffet. Man kann sich guten Gewissens Zeit dafür nehmen, die Lifte öffnen nicht vor 10 Uhr. Neben der üblichen Kost gibt es Heringsfilets, Lachs, Garnelen, Makrele in Tomatensoße, geräucherte Forelle, Kaviar und Leberpastete, Schinken, Speck, Würstchen, Salami, Käse, gebackene Bohnen, geschmorte Tomaten, Waffeln und Gebäck.

100 Die High Voltage
Ein schöner Rücken kann auch entzücken

Narvik liegt an der norwegischen Westküste, jenseits des Polarkreises, auf rund 68 Grad nördlicher Breite. Dank des Golfstroms ist der örtliche Hafen den ganzen Winter über eisfrei, und so wird hier seit über 100 Jahren das Erz aus Lappland in alle Welt verschifft. Skifahren hat ebenfalls eine lange Tradition, 1992 gastierte der Alpine Ski-Weltcup erstmals auf den anspruchsvollen Pisten am Fagernes-Gebirge, für 2029 bewirbt sich Narvik um die Alpine Ski-WM. Außer FIS-homologierten Abfahrten für jede Disziplin erschließen die Lifte am Narvikfjellet eines der besten Off-Piste-Reviere in Nordeuropa. Eine halbe Stunde Aufstieg zum Tredjetoppen erschließt Abfahrten mit 1.250 Höhenmetern.

Es geht aber auch bequemer. Direkt an der Bergstation der Sesselbahn auf den 1.003 Meter hohen, von einem Sendemast gekrönten Gipfel des Linken (tolle Aussicht über den Ofotfjorden bis zu den Lofoten) startet eine Variante, die die Locals »High Voltage« nennen – nicht nur wegen der Hochspannungsleitung, die über die gigantisch weite Backside von Narviks Hausberg verläuft.

Dank des hochatlantischen Klimas erfreut die sich üppiger Schneefallmengen. Den resultierenden Tiefschnee kann man auf den ersten 500 Höhenmetern in vollkommen freier Linienwahl genießen, kein Baum, kein Fels stellt sich in den Weg. An der Waldgrenze verengt sich die Abfahrt zu einem schmalen, felsdurchsetzten Tobel. Spätestens hier wird klar, dass der Name der Variante auch dem Terrain geschuldet ist: Wer hier nicht aufpasst, sorgt dafür, dass die Kanten an den Felsen Funken schlagen.

Schließlich mündet die Abfahrt in einen Forstweg, der an einem kleinen Wasserkraftwerk endet. Dessen Zufahrt führt zur Talstation des Schlepplifts am Zielhang der Weltcup-Abfahrt. Der läuft auch bei Flutlicht. Das ist insofern relevant, als die einheimischen Freerider die High Voltage gern bei Dunkelheit fahren – dann sieht man die Funken besser.

Skigebiet 118–1.003 Meter, 5 Lifte (Komfort: 6,02/10), 15 Kilometer Abfahrten (Komfort: 4,90/10), 50 Prozent beschneit | **Abfahrtstyp** Tourenabfahrt mittelschwer | **Schneebericht** www.narvikfjellet.no | **Skisaison** Ende Nov.–Anfang Mai | **Anreise** vom Flughafen Harstad 58 Kilometer, vom Fährterminal Helsingborg (Schweden) 2.027 Kilometer via Kiruna, Bahnhof in Narvik | **Tipp** Die Menschen in Narvik sind sport- und naturbegeistert. Natur gibt es hier im Überfluss: Meer, Berge, Gletscher – und alles in unmittelbarer Nachbarschaft. Kombiniert ergibt Bewegung in der Natur das »Friluftsliv«, das Teil der norwegischen DNA ist und das man sogar studieren kann. Praktizieren kann man diesen Lebensstil in Narvik auch im Winter beim Segeln, Fischen, Kajakfahren, Paragliden, Eisklettern, Skilanglauf oder mit dem Fatbike.

101 Die G.2
Polares Kriterium des frühen Schnees

Es hat etwas Erhabenes, langsam auf dem Haupt des einzigen Bergs der Welt entlangzugleiten und dabei den Blick über unendliche Weiten aus Seen und Wäldern schweifen zu lassen, die Bären und Wölfe ihr Zuhause nennen. Man spürt, wie die Uferlosigkeit dieser Landschaft jedweder Bedrückung den Boden unter den Füßen wegzieht. Aufatmen, auftanken. In Wirklichkeit ist das Levi-Fjäll mit seinen gerade mal 500 Metern Seehöhe zwar nicht mal ein richtiger Berg, aber einmalig ist es schon – zumindest für finnische Verhältnisse.

Von dem auf fast 68 Grad nördlicher Breite gelegenen, solitär aus der lappländischen Ebene aufragenden Gebirgskörper führt Finnlands einzige Weltcup-Piste talwärts: die G.2. Alljährlich trifft sich hier Ende November die weibliche Elite des alpinen Skirennsports zum ersten Slalom der Saison. Die 52 Prozent steile und rund 900 Meter lange Piste an der »Gondoli World Cup« säumen dann bis zu 10.000 Zuschauer. Durchaus bemerkenswert, denn die Gemeinde Kittilä, zu der das Levi-Fjäll gehört, hat nur 6.000 Einwohner – auf einer Fläche, die mit 8.263 Quadratkilometern halb so groß ist wie Schleswig-Holstein.

Das Skiresort zu Füßen des Fjälls heißt kurz »Levi« und ist der wahr gewordene Traum der Finnen, trotz der topografischen Herausforderung, in einem weithin topfebenen Land ein alpines Skiziel von internationalem Standard zu formen. Levis am Reißbrett entworfenes Skidorf könnte so auch in Colorado stehen, das Après-Ski im V'inkkari ist legendär.

Eine zentrale Rolle bei der Entwicklung zum meistbesuchten Skigebiet Suomis spielte die Umwandlung von Kittiläs Airport vom Militär- zum Zivilflughafen. Nur zehn Kilometer sind es vom Terminal bis zur Talstation von Finnlands erster Gondelbahn. Täglich schwebten bis zu zehn Linienmaschinen ein, pro Saison 400 Charterflüge. Jetzt nicht mehr, denn die ehedem zahlreichen Russen fallen als Gäste vorerst aus.

Skigebiet 196–530 Meter, 23 Lifte (Komfort: 5,50/10), 50 Kilometer Abfahrten (Komfort: 5,24/10), 70 Prozent beschneit | Abfahrtstyp Piste schwer (beschneit) | Schneebericht www.levi.fi | Skisaison Anfang Okt.–Anfang Mai | Anreise von Puttgarden via Helsingborg, Stockholm und Luleå 2.005 Kilometer, vom Flughafen Kittilä 15 Kilometer, vom Bahnhof Kolari 80 Kilometer (Busverbindung von jedem Zug) | Tipp Als nördlichstes der großen finnischen Skigebiete eignet sich Levi hervorragend für die Beobachtung des Polarlichts – für viele Besucher der Hauptgrund einer Reise nach Finnisch-Lappland. In den unweit der Pisten gelegenen Glas-Iglus von Levin Iglut kann man die ganze Nacht über den Himmel im Blick behalten. Dank des kontinentalen Klimas sind die Nächte häufig klar, aber etwas Glück braucht man für die Sichtung der Aurora borealis dennoch.

102 Die Kilparinne
Das geteilte Fjäll

Salla ist die Geburtsstätte des finnischen Alpinsports. Nicht weil hier 5.000 Jahre alte Skier gefunden wurden, sondern weil hier 1937 die ersten Landesmeisterschaften im Slalom stattfanden. Der Berg, über den damals die Rennen gingen, steht seit dem Zweiten Weltkrieg indes in der Todeszone zwischen russischer Grenze und dem Eisernen Vorhang, der in diesem entlegenen Winkel auch mehr als 30 Jahre nach dem Ende des Kalten Kriegs immer noch Realität ist.

An die rennsportliche Tradition knüpft Salla einmal im Jahr mit der Ausrichtung eines Weltcups im Speed-Skiing an. Der Rekord auf der gerade mal 600 Meter langen Kilparinne, der im normalen Leben einzigen wirklich schwarzen Abfahrt Sallas, liegt bei gut 170 Stundenkilometern. Die letzten 10 bis 20 davon verdanken die Fahrer dem eigens aufgeschütteten Starthügel. Eigentlich kein Wunder, dass in Salla der Speed im Fokus steht, schließlich ist es die Heimat von Häkkinen – nicht dem Formel-1-Fahrer Mika, sondern von Kalevi, Finnlands 2017 im Alter von 89 Jahren verstorbener Speed-Skiing-Legende. Noch mit über 60 Jahren fuhr Kalevi, der zu den Mitbegründern der Speed-Skiing-Tour zählte, mit mehr als 200 Sachen die steilsten Hänge der Welt hinunter. Eine gewisse Verrücktheit hat in Salla Tradition: Da das Geld für einen Anlaufturm fehlte, beschleunigte man die Skispringer auf der örtlichen Sprungschanze mit Hilfe eines gespannten Gummiseils. Darauf muss man erst mal kommen.

Trotzdem trauert man in Salla, in dessen überschaubarem Skigebiet abgesehen vom Weltcup-Wochenende Familien den Ton angeben, immer noch den 200 Metern nach, die der Berg, der jetzt in Russland steht, höher ist als das Fjäll, auf dem heute der Skibetrieb läuft. Die nie begrabene Hoffnung, dass man auch die alten Strecken irgendwann einmal wieder befahren wird, hat wegen der jüngsten politischen Entwicklungen inklusive Nato-Beitritt Finnlands allerdings einen ziemlichen Dämpfer erhalten.

Skigebiet 247–477 Meter, 5 Lifte (Komfort: 3,15/10), 11 Kilometer Abfahrten (Komfort: 5,89/10), 100 Prozent beschneit | Abfahrtstyp Piste schwer (beschneit) | Schneebericht www.ski.salla.fi | Skisaison Mitte Dez.–Anfang Mai | Anreise von Puttgarden via Helsingborg, Stockholm und Luleå 2.131 Kilometer, vom Flughafen Kuusamo 113 Kilometer, vom Bahnhof in Kemijärvi 65 Kilometer (Busverbindung) | Tipp In Salla leben nur 3.400 Einwohner, aber 10.000 Rentiere. Eine besonders authentische Form, Sallas Umgebung zu erkunden, ist eine Rentiersafari. Dabei lernt man im mit diversen Öko-Siegeln prämierten Rentierpark den Umgang mit den Tieren, lenkt zuletzt sogar seinen eigenen Schlitten und bekommt dafür den Rentierführerschein. Das Team um Tuija Kääriäinen, Geschäftsführer des Parks, bietet Safaris unterschiedlicher Länge und auch bei Nacht zu den Nordlichtern an.

103 Die Piste 12
Die Schneefarmer von Kuusamo

Man sollte meinen, dass eine Lage nahe dem Polarkreis für die Schneebedingungen eines Skigebiets besonders vorteilhaft ist. Es gibt allerdings ein Problem: Die Winter im hohen Norden sind sehr kalt und sehr dunkel. Infolgedessen behalten die Schneekristalle weitgehend die Struktur bei, in der sie vom Himmel fallen, sie gehen keine Bindung ein, der Schnee bleibt extrem leicht, und man sackt bis zum Boden durch, wenn man nicht mit ganz breiten Skiern unterwegs ist. Für die Pistenraupen ist es unmöglich, mit diesem Schnee eine kompakte Piste herzustellen. Statt wie manch anderes Skigebiet in Lappland mit der Saisoneröffnung bis zum Februar zu warten, kultivierte man im populären und nahe der russischen Grenze gelegenen Skiort Ruka eine Technik, die von hier aus ihren Siegeszug durch die Schneesportgebiete der Welt antreten sollte: das Snow-Farming.

Auf die Piste 12, inzwischen auch bekannt als Rukas künstlicher Gletscher, bringen die Beschneier dank der konstant tiefen Temperaturen im Winter sieben Meter technischen Schnee auf. Der hält dann bis Mitte Juni, wenn die Sonne schon fast 24 Stunden scheint. Der Strom zur Schneeerzeugung – darauf legt man in Ruka wert – stammt ausschließlich aus Wasserkraft. Nach Ende der Skisaison wird der verbliebene Schnee von mit Biodiesel betriebenen Pistenraupen zu großen Haufen zusammengeschoben und abgedeckt. So geht über den kurzen arktischen Sommer kaum Schnee verloren. Im Herbst schieben die Pistenraupen den kompakten Schnee wieder auseinander.

Mittlerweile zählen neben der rund 600 Meter langen Piste 12, die ab Oktober für Renntrainings zur Verfügung steht, auch der Snowpark und ein, zwei weitere Pisten dank Snow-Farming mehr als 200 Betriebstage. Für skandinavische Ski- und Snowboard-Teams eine im wahrsten Sinne naheliegende Alternative zum frühen Schneetraining auf alpinen Gletschern.

Skigebiet 291–492 Meter, 17 Lifte (Komfort: 5,35/10), 27 Kilometer Abfahrten (Komfort: 5,18/10), 80 Prozent beschneit | Abfahrtstyp Piste mittelschwer (beschneit) | Schneebericht www.ruka.fi | Skisaison Anfang Okt.–Anfang Mai | Anreise von Puttgarden via Helsingborg, Stockholm und Luleå 2.100 Kilometer, vom Flughafen Kuusamo 29 Kilometer, vom Bahnhof in Kemijärvi 116 Kilometer (Busverbindung) | Tipp Ein lohnenswerter Ausflug führt zum nur zwei Kilometer von der russischen Grenze entfernten Isokenkäisten Klubi. Hier gibt es eine sehr urige Rauchsauna. Das nach jedem Saunagang obligatorische Bad im Eisloch des zugefrorenen Heikki-Sees erfordert Überwindung und ist – gelinde gesagt – eine intensive Erfahrung. Aber hinterher fühlt man sich großartig, und das köstliche Essen, dass die Hausherrinnen, die Schwestern Sirpa und Katja Kämäräinen, abends auf den Tisch bringen, schmeckt danach gleich noch mal so gut.

104 Der Gränsleden
Grenzgänge unter der Mitternachtssonne

Riksgränsen liegt, wie der Name schon sagt, an der Reichsgrenze. Anfang des 20. Jahrhunderts entstand an der Bahnstrecke zwischen den Erzminen in Kiruna in Schwedisch-Lappland und dem eisfreien Hafen im norwegischen Narvik Schwedens zweitgrößter Bahnhof – in der Erwartung, es würde sich hier eine große Stadt entwickeln. Doch niemand hatte die enormen Schneemengen vorausgeahnt. Die Dampflokomotiven blieben im turmhohen Weiß stecken, 1918 musste der Bahnhof verlegt werden. Der Schnee vertrieb die Bahnarbeiter, Riksgränsens Niedergang schien besiegelt zu sein. Aber dann kamen Olle Rimfors und Sigge Bergman und hielten im Sommer 1928 mit vier Teilnehmern den ersten Skikurs ab. Im Sommer? Genau, denn damals wie heute ist das jenseits des Polarkreises liegende Riksgränsen Schwedens schneereichster Ort und die letzte Zuflucht für all jene, die vom Winter noch nicht genug haben, wenn dieser sich im Frühjahr nach Norden zurückzieht. Schwedens Skilehrer treffen sich hier, wenn anderswo die Saison vorüber ist.

In guten Schneejahren dauert sie in Riksgränsen bis in den Juni hinein. Dann laufen die Lifte außer am Tag auch noch mal von 22 bis 1 Uhr nachts, nach dem Abendessen, das man hier im Lapplandia, dem einzigen Restaurant des einzigen Hotels, zu sich nimmt. Auch nach dem Dinner braucht man Sonnenbrille und Lichtschutzfaktor 15 – der Mitternachtssonne wegen. Am längsten hält sich der Schnee auf der Gränsleden-Piste. Die führt an der oberen von Riksgränsens zwei Sesselbahnen mit einem schier ins Unendliche reichenden Blick über die leeren Weiten Lapplands einmal von Schweden hinüber nach Norwegen und wieder zurück. Der Schnee hat eine Konsistenz wie Eiscreme, die sogar Firn übertrifft. Wem das noch immer nicht reicht, der kann beim Heliskiing bis 3 Uhr früh einsame Gipfel anfliegen und einem unendlichen Skitag ein paar weitere unvergessliche Abfahrten hinzufügen.

Skigebiet 520–909 Meter, 6 Lifte (Komfort: 4,16/10), 21 Kilometer Abfahrten (Komfort: 5,6/10), 0 Prozent beschneit | Abfahrtstyp Piste mittelschwer (nicht beschneit) | Schneebericht www.riksgransen.se | Skisaison Ende Feb.–Ende Mai/Mitte Juni | Anreise ab Flughafen Kiruna 140 Kilometer, vom Fährterminal Helsingborg 1.984 Kilometer, Bahnhof in Riksgränsen | Tipp Riksgränsen ist ein Paradies für Skitourengeher. 60 Gipfel mit mehr als 1.200 Metern Höhe bieten eine gigantische Vielfalt an Tourenvarianten. Wer keine Erfahrung hat, kann sich einer geführten Gruppe anschließen und Material vor Ort ausleihen – ein idealer Einstieg in diese wundervolle Spielart des Skisports. Die geführten Touren (Lawinenausrüstung wird gestellt) dauern vier bis sieben Stunden, Kondition sollte man also schon mitbringen.

105 Die Ingemarbacken
Wiege der Heroen

Es müsse irgendetwas im Wasser sein, mutmaßte der Skirennläufer Stig Strand einmal. Normal sei die Bilanz für ein 500-Seelen-Dorf schließlich nicht. Das Dorf heißt Tärnaby und ist die Heimat von Ingemar Stenmark, Anja Pärson, Bengt Fjällberg, Jens Byggmark und eben Stig Strand. Ihre gemeinsame Bilanz sind 132 Weltcupsiege, 10 Goldmedaillen bei Alpinen Ski-Weltmeisterschaften und 3 Olympiasiege. Stenmarks 86 Weltcupsiege waren bis März 2023 die Bestmarke, dann übertraf ihn die US-Amerikanerin Mikaela Shiffrin. Unübertroffen bleibt bislang Pärsons Coup, WM-Gold in allen fünf alpinen Disziplinen zu holen. Tatsächlich hängt das wohl weniger mit dem Wasser als vielmehr mit der Leidenschaft der Trainer und Mitglieder des örtlichen Skiclubs Tärna IK Fjällvinden zusammen.

Seit Generationen wird der Skirennsport hier gefördert. Der verlässliche und lange liegende Schnee bietet beste Voraussetzung für umfangreiches Training. Und da man hier oben in den ziemlich einsamen und im Winter sehr dunklen Weiten Nordschwedens ohnehin nicht viel anderes machen kann, eifert die Jugend nahezu vollzählig der langen Reihe örtlicher Skisport-Idole nach, die Stenmark immer noch anführt. Folgerichtig hat man die Trainingspiste, auf der er die Grundlagen für seine beeindruckende Karriere legte, nach ihm benannt.

Man sieht es der nur 600 Meter langen Ingemarbacken nicht an, was sie mit den Talenten macht, die auf ihr trainieren. Nur im oberen Abschnitt ist sie etwas steiler, ansonsten eher ein Durchschnittstyp. Natürlich ehrte man auch Anja Pärson mit der Widmung einer Piste, und entsprechend der Zahl der errungenen WM-Siege ist die doppelt so lang wie Stenmarks Hang. Noch mal doppelt so lang ist die Byggis, Tärnabys längste Abfahrt. Die wird wohl erst umbenannt, wenn jemand aus dem Dorf die absolute Rekordmarke von zwölf WM-Titeln übertrifft. Aufgestellt hat ihn die Deutsche Christl Cranz.

Skigebiet 439–789 Meter, 5 Lifte (Komfort: 3,88/10), Kilometer Abfahrten (Komfort: 8,44/10), 45 Prozent beschneit | Abfahrtstyp Piste schwer/mittelschwer (beschneit) | Schneebericht www.tarnabyalpint.se | Skisaison Ende Okt.–Ende April | Anreise vom Flughafen Hemavan 21 Kilometer, vom Flughafen Arvidsjaur 234 Kilometer, vom Fährterminal Helsingborg 1.430 Kilometer, keine Bahnanbindung | Tipp Ruhmreich oder nicht: Tärnabys Pistennetz ist überschaubar. Tritt man die lange Reise trotzdem an, wird es einen freuen, dass der Skipass auch im 18 Kilometer entfernten Hemavan gilt. Dort warten Nordschwedens einzige Gondelbahn, eine Höhendifferenz von 665 Metern, 29 Pisten und ein Helikopter, der Skifahrer zu den um die 1.700 Meter hohen Gipfeln der Umgebung fliegt.

106 Die Ravinen
Wo in Schweden der alpine Rennsport begann

Åres Aufstieg vom verschlafenen Bauerndorf zur Wintersportmetropole begann mit dem Bau der Eisenbahnstrecke anno 1882. Die erste Bergbahn errichtete man 1910 in der Absicht, Bergsteigern den Weg zum 1.420 Meter hohen Hausberg Åreskutan zu verkürzen. Heute bringt die nostalgische Standseilbahn Skiläufer von Åres Marktplatz direkt ins Skigebiet. Auch die Hotels aus den Gründerjahren mit ihren typischen roten Holzfassaden und weißen Fensterrahmen stehen noch und verleihen dem Ort einen angenehm nostalgischen Charme.

Dass in Åre bisher drei Ski-Weltmeisterschaften stattfanden, verdankt es Bibbo Nordenskiöld. Er kam 1946 hierher und erkannte sofort das Potenzial des Åreskutan für einen Skiberg nach alpinem Vorbild. Er eröffnete ein Hotel, gründete die Skischule und trieb die erfolgreiche Bewerbung um die Ski-WM 1954 voran. Später baute er mit Serge Lang den Weltcup auf, und Åre wurde zur festen Größe im Weltcup-Kalender.

Skirennen fährt man in Åre schon seit 1921. Beim legendären »Årebragden«, Schwedens erstem offiziellen Abfahrtsrennen, ging es seinerzeit nicht nur um die schnellste Linie vom Åreskutan, sondern auch darum, die äußerst anspruchsvolle Strecke unverletzt zu überstehen. Der Bau der Pisten für die Ski-WM 1954 besiegelte das Ende des offiziellen Rennsports auf der historischen Strecke. Die ist heute eine beliebte Tourenabfahrt, bekannt unter dem Namen Ravinen. Um zum Start zu gelangen, muss man wie vor 100 Jahren entweder zu Fuß aufsteigen (20 Minuten von der Bergstation von Åres Großkabinenbahn), oder man lässt sich per Schneemobil zur Gipfelhütte Toppstugan ziehen, die meist unter einem dicken Eispanzer verborgen ist. Über die weiten Gipfelhänge geht es von hier abwärts zum Tusenmeter-Plateau und weiter durch die Västra-Schlucht und die zugefrorenen Susabäcken bis hinab ins Dorf. Ergibt 5,2 famose Kilometer über 1.022 Meter Höhendifferenz.

Skigebiet 380–1.274 Meter, 31 Lifte (Komfort: 4,92/10), 92 Kilometer Abfahrten (Komfort: 5,02/10), 60 Prozent beschneit | Abfahrtstyp Tourenabfahrt schwer (nicht beschneit) | Schneebericht www.skistar.com/de/Skigebiete/are/winter-in-are | Skisaison Mitte Nov.–Anfang Mai | Anreise vom Flughafen Östersund 88 Kilometer, vom Fährterminal Oslo 635 Kilometer (Fähre von Kiel über Nacht), Bahnhof in Åre | Tipp Lohnend ist ein Besuch der Gamla Kyrka. Das Kirchlein steht am Ende einer Allee am Dorfrand und stammt aus dem 11. Jahrhundert. Ein Refugium der Ruhe im Vergleich zum quirligen Zentrum Åres.

107 Die Väggen
Schwedens schnellste Abfahrt

Das Sälenfjäll liegt 350 Kilometer nordwestlich von Stockholm. Von der schwedischen Hauptstadt aus ist es das nächstgelegene Gebirge, das über die Waldgrenze aufragt und in dem der Winter ein halbes Jahr währt. Der erste Lift öffnete 1937 mit dem Hochgebirgshotel Högfjället. Heute zählen die insgesamt sieben Skistationen im Sälenfjäll zusammen 131 Aufstiegshilfen, 55.000 Betten und 2,9 Millionen Skifahrertage – Sälen ist die skandinavische Antwort auf die Trois Vallées.

Wer sich jetzt fragt, weshalb er von einem solchen Megaskigebiet bislang nie gehört hat, sollte sich vergegenwärtigen, dass von den rund 200 Abfahrten kaum eine mehr als einen Kilometer misst und die Höhendifferenzen in den beiden größten Arealen im Zentrum des Fjälls, dem Tandådalen/Hundfjället und dem Lindvallen/Högfjället, 200 Meter kaum überschreiten. Sälen ist weit und breit, aber nicht hoch. Es mangelt den Abfahrten zwar an Länge, aber nicht an Vielfalt. Die besondere Topografie des eiszeitlich überformten Gebirgskörpers sorgt dafür, dass das Pisteninventar auch einige extrem anspruchsvolle Strecken umfasst.

Die Furcht einflößendste ist die Väggen. Die als doppelt schwarz markierte Abfahrt kippt vom Rand des Hundfjället in die Tiefe, in die buchstäbliche Wand eines von Gletschern ausgehobenen Trogtals. Mit 60 Prozent Gefälle ist sie zwar nur Schwedens zweitsteilste Piste, aber dank ihrer Länge erreichten Speed-Skifahrer auf der Väggen maximal 198 Stundenkilometer, während sie auf der etwas steileren Chocken im Skigebiet Idre bisher höchstens 180 Stundenkilometer schnell fuhren. Ein Sturz kann auf der Väggen auch für weit weniger schnelle Freizeitskifahrer unangenehme Folgen haben, denn rutscht man erst mal, gibt es kein Halten mehr. Es gab bereits schwere Unfälle, und 2020 rauschten sogar zwei Lawinen die Piste hinunter. Man sollte die Väggen also trotz ihrer bloß 150 Höhenmeter unbedingt ernst nehmen!

Skigebiet 572–872 Meter, 40 Lifte (Komfort: 4,81/10), 55 Kilometer Abfahrten (Komfort: 4,90/10), 80 Prozent beschneit | Abfahrtstyp Piste sehr schwer (beschneit) | Schneebericht www.skistar.com | Skisaison Mitte Nov.–Anfang Mai | Anreise ab Puttgarden 1.015 Kilometer via Malmö und Oslo, vom Flughafen Sälen-Trysil 13 Kilometer (Flüge von Lübeck), vom Flughafen Oslo 207 Kilometer, vom Flughafen Stockholm 418 Kilometer, vom Bahnhof Malung 80 Kilometer | Tipp Der kleine Ort Sälen am Fuß des Fjälls ist seit 1922 Startpunkt des legendären Langlaufrennens Vasaloppet über 90 Kilometer bis nach Mora, das allwinterlich Zehntausende Teilnehmer zählt. Man kann auch kürzere Strecken über 9, 30 oder 45 Kilometer laufen, Letztere auch bei Nacht. Auch als Zuschauer ist der Vasaloppet ein Erlebnis, zumal es während der Laufwoche Ende Februar/Anfang März ein umfangreiches Rahmenprogramm gibt (www.vasaloppet.se).

108 Die Tehvandi
Steilhang im Flachland

Seien wir ehrlich: Niemand wird nach Estland reisen, nur um Ski zu fahren. Estlands höchster Punkt, der Suur Munamägi, erreicht nur 318 Meter über dem Meeresspiegel, was ihn zwar zum höchsten Berg des Baltikums macht, aber alpinen Phantasien enge Grenzen setzt. Andererseits hat Estlands Hauptstadt Tallinn eine Altstadt, die in ihrer Pracht mit Prag und Wien konkurriert, und die Entfernungen sind in diesem kleinen Land nicht groß, also warum nicht ein Paar Skier mitnehmen und Estland im Winter besuchen?

Etwa 200 Kilometer südlich von Tallinn liegt eingebettet in die Hügel und Täler Südestlands das Wintersportzentrum Otepää. Hier gibt es schicke Wellnesshotels, beleuchtete und beschneite Langlaufloipen, Schneemobiltrails, Rodelhügel, Eislaufmöglichkeiten auf zugefrorenen Seen, ein modernes Biathlonstadion, zwei winzige alpine Skigebiete und die 2007 errichtete Tehvandi K90, die größte Sprungschanze des Baltikums.

Letztere hat insofern Relevanz, als der Hügel, auf dem sie steht, die vielleicht einzigen schwarzen Abfahrten Estlands bietet – und das über eine Distanz von für die weitgehend flache Region rekordverdächtigen 60 Höhenmetern. Wer je einen Skisprungwettbewerb gesehen hat, weiß, dass der Aufsprunghang üblicherweise sehr steil ist. Direkt neben dem Aufsprung wird eine Piste präpariert, darüber hinaus nutzen die Einheimischen bei Neuschnee die Gelegenheit zum Tiefschneefahren. Mit etwas Glück ist das eigentlich für die Skispringer vorgesehene Förderband in Betrieb, und man hat sogar eine Aufstiegshilfe.

Als solche stehen im einen Kilometer südlich gelegenen Skiareal von Munakas ganz offiziell eine Vierersesselbahn und ein Tellerlift zur Verfügung. Hier gibt es auch einen Skiverleih. Das Profil der Skiroute Sööksu Nölv durch den Wald neben dem Schlepplift ähnelt dem des Hangs an der Tehvandi-Schanze. Freitags laufen die Lifte unter Flutlicht bis 23 Uhr.

Skigebiet 131–204 Meter, 2 Lifte (Komfort: 5,07/10), 2,8 Kilometer Abfahrten (Komfort: 5,28/10), 50 Prozent beschneit | Abfahrtstyp Skiroute schwer (nicht beschneit) | Schneebericht www.munakas.ee | Skisaison Mitte Dez.–Ende März | Anreise vom Flughafen Tallinn 208 Kilometer, vom Bahnhof Puka 20 | Tipp Über eine Wendeltreppe im Schanzenturm erreicht man die Aussichtsplattform der Tehvandi K90 in 34 Metern Höhe. Sie liegt 218 Meter über dem Meeresspiegel. An der Sprungschanze befindet sich außerdem eine 34 Meter hohe Kletterwand (www.tehvandi.ee).

109 Die Kordes
Lettlands Antwort auf St. Moritz

Niemand wird Sigulda, Lettlands größtes Skigebiet, mit dem Geburtsort des Skitourismus verwechseln, dem im Schweizer Engadin gelegenen St. Moritz. Der etwas augenzwinkernde Vergleich bezieht sich auf eine andere Wintersportart: den Bobsport. Der hat seinen Ursprung am berühmten »Olympia Bob Run St. Moritz–Celerina« auf dem Areal des legendären Kulm Hotels. Und in Sigulda gibt es neben einigen kleinen Skipisten eben auch eine Bob- und Rodelbahn, die zu den besten der Welt zählt.

Die Strecke ist immerhin so gut, dass die hier trainierenden einheimischen Rennrodler Andris und Juris Šics sowohl 2010 in Vancouver als auch 2014 in Sotschi olympische Medaillen gewannen und ihr Landsmann Martins Dukurs sechsmal Weltmeister im Skeleton wurde. Die Bahn in Sigulda ist auch für die Öffentlichkeit zugänglich. Bei Taxibobfahrten werden Geschwindigkeiten von 125 Stundenkilometern erreicht – nichts für zart besaitete Naturen, denn man wird ordentlich durchgeschüttelt, und in den Kurven wirken enorme Kräfte.

Skifahren in Sigulda ist weniger extrem, aber für ein so flaches Land wie Lettland doch erstaunlich anspruchsvoll. Am Hang zwischen der auf einem flachen Plateau liegenden Wintersportstadt und dem tief eingekerbten Gauja-Fluss reihen sich drei kleine alpine Skigebiete auf: Pilsētas, Kordes und Kaķīškalns. Sie ähneln einander, die Hänge sind allesamt kurz, aber knackig – ganz anders als bei Kleinstskigebieten üblich. Besonders die Kordes hat es mit rund 40 Prozent Gefälle in sich. Leider ist das Vergnügen schnell vorbei, der Hang hat nicht mal 300 Meter Länge. Ein Ausflug aus dem rund 50 Kilometer entfernten Riga lohnt denn auch eher wegen des Flairs einer Wintersportstadt mit historischem Ambiente, zahlreichen Parkanlagen, schicken Cafés und luxuriösen Hotels. Viele von Siguldas Wintergästen haben mit Skifahren nichts am Hut – genau wie in St. Moritz.

Skigebiet 21–93 Meter, 2 Lifte (Komfort: 3,38/10), 0,5 Kilometer Abfahrten (Komfort: 4,25/10), 100 Prozent beschneit | Abfahrtstyp Piste schwer (beschneit) | Schneebericht www.tourism.sigulda.lv | Skisaison Dez.–März | Anreise vom Flughafen Riga 62 Kilometer, Bahnhof in Sigulda | Tipp In Sigulda gibt es eine Reihe schöner Schlösser, darunter das des Livländischen Ordens, das Schloss Turaida und das Neue Schloss Sigulda. Alle drei kann man bei einer Fahrt mit der 1.200 Meter langen Gondelbahn betrachten, die von der Stadt aus über den Fluss führt. Darüber hinaus liegt 30 Minuten nördlich von Sigulda die malerische Hansestadt Cēsis mit einer historischen Altstadt.

110 Die Snow Arena
Das einzige Hybridskigebiet der Welt

Litauen ist das größte und flachste Land der baltischen Staaten. Dennoch kann man dort alpin Ski fahren. Statt mit Baggern wie in manch anderer ebenen Gegend, beispielsweise in Liepkalnis, dem direkt in Vilnius gelegenen größten Skigebiet Litauens, hat man der Topografie im noblen litauischen Thermalbadeort Druskininkai mit Stahlbau nachgeholfen. Die gut 100 Kilometer südwestlich der Hauptstadt Vilnius gelegene Snow Arena ist eine weltweit einmalige Kombination aus Skihalle und normalem Skigebiet: Zwei 400 Meter lange Pisten befinden sich innen (darunter ein Funpark) und eine gut 500 Meter lange Abfahrt draußen. Eine 1,1 Kilometer lange Gondelbahn verbindet die Skihalle mit dem auf der anderen Seite der Memel gelegenen Stadtzentrum.

Die Außenpiste öffnet bei Temperaturen unter fünf Grad minus, im kontinentalen Klima Südlitauens also verlässlich zwischen Dezember und März. Für die Bergfahrt per Sesselbahn aus Schweizer Produktion muss man dann wieder in die Halle hineinfahren. Der Skibetrieb läuft auch draußen unter Flutlicht bis in den späten Abend. Dank der Aufständerung kommen 66 Höhenmeter zusammen. Für ein Land, dessen höchste Erhebung 294 Meter misst, ein respektabler Wert.

Das Indoor-Skifahren ist das ganze Jahr über auf einem sehr hochwertigen, technisch erzeugten Schnee möglich. In den Wintermonaten hat die Außenpiste regelmäßig Naturschnee. Es besteht Helmpflicht. Eine solche ist den Autoren dieses Buches, die zusammen weltweit rund 1.000 Skigebiete bereist haben, ansonsten nur in Bukovel in der Ukraine begegnet. Weder hier noch dort sind die Pisten besonders gefährlich. Die Gefahr geht vom, sagen wir mal, unbekümmert rasanten Fahrstil blutiger, stets männlicher Anfänger aus, die auf einer Selbstmordmission zu sein scheinen. Inwieweit der in der SnowBoBar am Pistenrand ausgeschenkte Wodka dabei eine Rolle spielt, lässt sich nur vermuten.

Skigebiet 97–163 Meter, 2 Lifte (Komfort: 5,04/10), 1,9 Kilometer Abfahrten (Komfort: 4,27/10), 100 Prozent beschneit | Abfahrtstyp Piste leicht (beschneit) | Schneebericht www.snowarena.lt | Skisaison ganzjährig | Anreise vom Flughafen Vilnius 133 Kilometer, Bahnhof in Druskininkai | Tipp Mitten in Druskininkai und direkt neben der Gondelbahn zur Snow Arena steht der Aqua Park, ein gigantisches Erlebnisbad auf 30.000 Quadratmetern Fläche. Es gibt 7 Rutschen und 19 Saunen, dazu ein Wellenbad, einen Strömungskanal, Whirlpools und ein großes Becken mit Wasserfall, Höhlen und Kaskaden. Durch die Panoramafenster blickt man über die direkt neben dem Bad vorbeifließende Memel.

111 — Die Skadi
Wo ein Wille ist, ist auch ein Berg

Dänemarks höchste natürliche Erhebung, der Møllehøj, misst gerade mal 171 Meter. Flach wie eine Flunder ist die Landschaft südlich von Roskilde, das vor allem für sein Festival und das Wikingermuseum bekannt ist. Trotzdem träumten die Mitglieder des örtlichen Skiclubs von einem eigenen Skigebiet. Als in der Nähe eine große Kiesgrube in Betrieb ging, baten sie deren Betreiber, doch einen Berg aufzuschütten. Er tat es, und 1987 eröffnete das Hedeland Skicenter, dessen 280 Meter lange Piste Skadi im oberen Bereich mit 28 Prozent ordentliches Gefälle bietet.

Alle Mitarbeiter in der Skihütte, beim Verleih, am Lift und an den Schneekanonen sind Vereinsmitglieder, die ehrenamtlich arbeiten, um den Traum von einem alpinen Skigebiet mitten in der dänischen Tiefebene am Leben zu halten – Enthusiasten eben. Die Atmosphäre ist familiär und herzlich, Skikurse für Kinder sind kostenlos. Leider belohnt Frau Holle diesen Einsatz nicht wirklich, viele Saisons enden nach zwei, drei Betriebstagen – trotz der vier Schneekanonen. Die sind in heißen Sommern wenigstens auch beim Roskilde-Festival zur Kühlung der Besucher nützlich.

Fehlt es bei Roskilde an Schnee, ist der CopenHill im nahen Kopenhagen eine Alternative. Dessen 400 Meter lange Mattenskipiste verläuft auf dem Dach einer Müllverbrennungsanlage. Die innovative Doppelnutzung für Energieerzeugung (sie versorgt 30.000 Haushalte mit Strom und 72.000 mit Fernwärme) und Freizeit (außer Skipiste und Funpark gibt es eine 85 Meter hohe Kletterwand, Wanderwege, einen Rodelhang sowie ein Bergrestaurant mit Aussichtsterrasse) sorgte bei der Eröffnung 2019 weltweit für Aufsehen. Sie ist einer der Bausteine, mit denen Kopenhagen die erste CO_2-neutrale Hauptstadt der Welt werden will. Gelänge die Energiewende hier (und überall sonst), würden auch die Enthusiasten in Hedeland profitieren – und alle auf Schnee angewiesenen Skigebiete dieser Welt.

Skigebiet Hedeland: 33–78 Meter, 3 Lifte, 0,5 Kilometer Abfahrten, 100 Prozent beschneit; CopenHill: 3–85 Meter, 1 Lift (und 3 Förderbänder), 0,7 Kilometer Abfahrten, 0 Prozent beschneit (Mattenskipiste) | **Abfahrtstyp** Piste leicht (in Hedeland beschneit) | **Schneebericht** www.roskildeskiklub.dk; www.copenhill.dk | **Skisaison** Hedeland: potenziell Dez.–Feb.; CopenHill: ganzjährig | **Anreise** Hedeland vom Grenzübergang Puttgarden 164 Kilometer (Fährüberfahrt), vom Flughafen Kopenhagen 37 Kilometer, vom Bahnhof Hedehusene 4 Kilometer | **Tipp** Das Wikingerschiffsmuseum in Roskilde ist auch im Winter täglich von 10 bis 16 Uhr geöffnet. Hauptattraktion sind die bei Skuldelev ausgegrabenen Relikte von fünf Wikingerschiffen aus dem 11. Jahrhundert und deren Rekonstruktionen, mit denen man im Sommer auf den Fjord hinaussegeln kann.

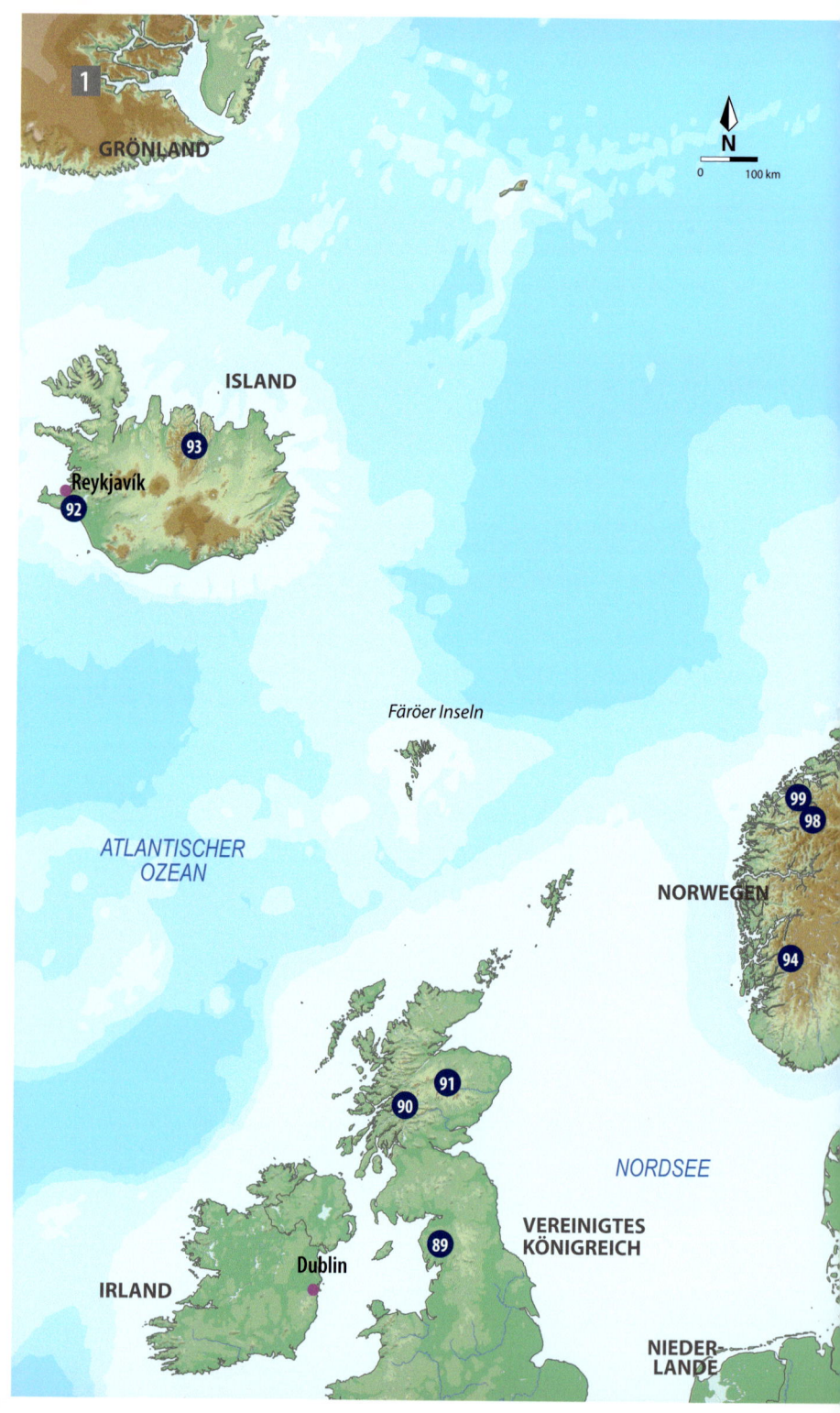

Fotonachweis

Ort 1, 47: Stefan Herbke; Ort 2, 13, 33, 66, 67, 68, 80, 81, 87, 88, 97, 104, 105: www.skiresort.de; Ort 3: Gian Andri Giovanoli, Quelle/Copyright: Engadin St. Moritz Tourismus; Ort 5: Zermatt Bergbahnen, Ort 6: Glacier 3000; Ort 7: Gauthier Bervard/La Bresse-Hohneck/Labellemontagne; Ort 8: Tourismusbüro Massif du Sancy; Ort 9: Pierrick Aubert; Ort 11: Office du Tourisme Chamonix; Ort 12: Les Arcs/Tristan Shu; Ort 15: Daniel Durand; Ort 16, 22, 24, 25, 35, 36, 37, 40, 45, 62, 65, 69, 71, 79, 90, 94, 98, 99, 100, 109, 110: Jimmy Petterson/www.skiingaroundtheworldbook.com; Ort 20: Office de tourisme de Vars, Richard Bord; Ort 21: Virginie Tumorticchi; Ort 26: CETURSA SIERRA NEVADA, S.A.; Ort 34: Grandvalira Resorts, Ort 41: Archiv Regione Autonoma Valle d'Aosta; Ort 44: Consorzio Turistico Gressoney Monterosa; Ort 46: Infopoint Aprica; Ort 48: Trentino Sviluppo S.p.A. photo library PHOTO by Baroni Carlo; Ort 50: Sonia Menardi; Ort 53: Gasteinertal Tourismus GmbH, Marktl Photography; Ort 55: Daniel Scharinger; Ort 58 unten: Matej Kandare; Ort 74: © 2023 Transport Urban Sinaia SRL, or its affiliates – Gondola Sinaia, Sinaia City Hall; Ort 75: DannyIacob/istock; Ort 76: Andreas Lesti; Ort 82: Polskie Koleje Linowe; Ort 89: Mike Sweeney; Ort 91: Cairngorm Mountain Ltd; Ort 93: Brynjar Helgi Ásgeirsson; Ort 96: Norefjell Skisenter; Ort 106: Anette Andersson; Ort 107: Fredrik Ryden; Ort 108: Artur Bała/www.skisprungschanzen.com; Ort 111 oben: Amélie Louys

Anmerkung

Dieses Buch trägt zwar den Begriff »Pisten« im Titel, beschreibt aber nicht nur solche, sondern auch Skirouten und Tourenabfahrten. Hinter diesen unterschiedlichen Begriffen verbergen sich sehr unterschiedliche Eigenschaften im Hinblick auf die Sicherheit. Diese werden nachfolgend erläutert. Die Bezeichnungen werden allerdings nicht in allen europäischen Ländern einheitlich verwendet. Man sollte sich also vor Ort im Zweifel immer über die jeweils geltenden Bedingungen informieren.

Pisten
Pisten sind am linken und rechten Rand markiert, präpariert, vor alpinen Gefahren gesichert und werden kontrolliert. Letzteres bedeutet, dass nach Pistenschluss am Nachmittag eine Kontrollfahrt durch Mitarbeiter des Skigebiets durchgeführt wird. Die Sicherung vor alpinen Gefahren bezieht sich insbesondere auf die Lawinenkontrolle, umfasst aber auch Hindernisse auf der Piste, etwa apere Stellen bei Schneemangel. Die Präparierung mit Pistenraupen erfolgt meist jede Nacht, sodass man auf Pisten allmorgendlich auf frisch gewalzter Unterlage fahren kann.

Skiroute
Eine Skiroute ist eine markierte und vor alpinen Gefahren gesicherte Abfahrt, die in der Regel nicht präpariert und nicht kontrolliert wird. Das bedeutet, dass die Schneebedingungen hier höhere Anforderungen an das Fahrvermögen stellen. Die Markierung erfolgt entlang der Mittellinie der Abfahrt, der Bereich der Sicherung erstreckt sich lediglich auf jeweils zehn Meter links und rechts dieser Linie entlang der Markierungsstangen. Jenseits dieses Korridors befindet man sich im freien Skiraum, in dem potenziell Lawinengefahr herrscht und wo mit versteckten Hindernissen zu rechnen ist.

Tourenabfahrt
Die Tourenabfahrt ist weder markiert noch vor alpinen Gefahren gesichert. Man bewegt sich im freien Skiraum, was man nur mit entsprechender Sicherheitsausrüstung (LVS-Gerät, Sonde, Schaufel, ggf. Airbag) und Erfahrung tun sollte. Fehlt die eigene Erfahrung, sollte man diese Abfahrten unbedingt mit einem ortskundigen Skiführer angehen.

Lift- und Pistenkomfort
Die Kennziffer für den Liftkomfort bewertet verschiedenste Komfortmerkmale der Aufstiegshilfen eines Skigebiets (zum Beispiel ob man sitzt oder steht, ob der Lift einen Wetterschutz bietet oder nicht, wie schnell er ist, wie leicht der Zustieg ist) jeweils auf einer Skala von 1,0 bis 10,0 und gewichtet die einzelnen Merkmale. Je höher der Wert, desto moderner ist, vereinfachend gesagt, die Liftflotte des Skigebiets.
Die Kennziffer Abfahrtskomfort setzt die verfügbare Abfahrtsfläche zur Transportkapazität der Lifte in Beziehung und berücksichtigt dabei den Anteil präparierter Fläche. Die Skala von 1,0 bis 10,0 ist dabei an den Branchenbestwerten orientiert, die von Skigebieten in Kanada erreicht werden. Grundsätzlich gilt: Je höher der Wert, desto mehr Platz hat man auf den Pisten des Skigebiets. Mehr Infos zu den Bewertungsmethoden unter www.skigebietsbewertung.com.

Abfahrtslänge
Die in diesem Buch angegebenen Abfahrtslängen basieren ausschließlich auf eigenen, nach einem einheitlichen Verfahren durchgeführten Messungen.

Christoph Schrahe hat rund 600 Skigebiete in fast 50 Ländern auf sechs Kontinenten unter die Bretter genommen. Seit über 30 Jahren beschreibt er seine Erlebnisse auf den Skipisten der Welt. Er ist Kolumnist für das SkiMagazin und veröffentlicht regelmäßig in der F.A.Z.

Jimmy Petterson ist Guide, Skilehrer. Skijournalist und Musiker. Er ist in fast 700 Skigebieten in 75 Ländern auf allen sieben Kontinenten Ski gefahren. Seine Reportagen und Bilder wurden von Skimagazinen in 20 Ländern veröffentlicht und in seinem ausgezeichneten, zweibändigen Werk Skiing Around the World.

Patrick Thorne forscht und schreibt seit fast vier Jahrzehnten über Skigebiete und fand mehr als 6.000 in über 80 Ländern. Er lebt und arbeitet in Schottland.